成长也是一种美好

人人都能学会的管理会计思维

烟火里的财富

郭晓梅

/

著

人民邮电出版社

北京

图书在版编目（CIP）数据

烟火里的财富：人人都能学会的管理会计思维 / 郭晓梅著. -- 北京：人民邮电出版社，2024.6
ISBN 978-7-115-64062-8

Ⅰ. ①烟… Ⅱ. ①郭… Ⅲ. ①管理会计－通俗读物 Ⅳ. ①F234.3-49

中国国家版本馆CIP数据核字(2024)第063231号

◆ 著　郭晓梅
责任编辑　黄芳芳
责任印制　周昇亮
◆ 人民邮电出版社出版发行　　北京市丰台区成寿寺路 11 号
邮编 100164　电子邮件 315@ptpress.com.cn
网址 https://www.ptpress.com.cn
天津千鹤文化传播有限公司印刷
◆ 开本：880×1230　1/32
印张：7.5　　　　　　　　　2024 年 6 月第 1 版
字数：230 千字　　　　　　　2024 年 6 月天津第 1 次印刷

定　价：59.80 元
读者服务热线：（010）67630125　印装质量热线：（010）81055316
反盗版热线：（010）81055315
广告经营许可证：京东市监广登字20170147号

生活中面对选择
你总在纠结吗

道路千千万，你该怎么办？不论是在生活中还是工作中，你都会经常面临各种选择。年卡你会买吗？低层住户该交电梯费用吗？商家低价包邮如何赚钱？每当聊到这些社会话题时，人们总会发表各种各样的意见，这些意见也都有各自的道理。然而当问题回归生活中的具体问题时，如今晚是自己做饭还是点外卖，手机我该买 Pro 还是 Pro Max，人们往往又会开始纠结起来。如果你也有这样的问题，不妨好好学习一下生活中的管理会计思维吧。

你可能会觉得管理会计是一门高深的学问，其实在生活中，对管理会计的应用随处可见，你的每一个决定、每一个选择，都是对这门学问的运用。**生活是最好的老师，这本书将教会你运用管理会计思维来面对生活中的各类难题。**

本书作者郭晓梅是厦门大学会计学系教授，厦门大学管理会计研究中心主任。厦门大学作为中国管理会计的起源地，有中国 CFO（首席财务官）黄埔军校之称。郭教授所负责的"管理会计"慕课，获得首批国家一流本科课程称号。其负责的"技术赋能，故事激趣——管理会计慕课创新应用"被评为福建省慕课十年典型案例（特等奖），并入选高校在线开放课程联盟联席会慕课十年典型案例。其所撰写的教学案例，入选了毅伟案例库，获得了全国工商管理案例领域的最高奖项——"全国百篇优秀管理案例"称号。在授课时，郭教授喜欢讲故事，故事的灵感常常源自她自身的真实经历和身边的媒体新闻。她既讲专业，也教人生，被学生们亲昵地称为"晓梅姐"。

这本书，汇聚了郭教授在管理咨询和日常工作生活中所采集素材中的诸多案例，并用管理会计的视角进行了分析、解读。

通过阅读本书，相信你肯定可以对这一门学问有更深入的了解。让我们在郭教授的带领下，一起培养管理会计思维吧。

毛付根教授

2023 年 11 月

树立管理会计思维，
读懂生活中的生意经

选择纠结是表征，内在的焦虑关乎价值

　　生活中，我们面临着各种各样的选择：是花 1 万多元买无限次的健身年卡划算，还是购买单次票（300 元）划算？6·18 大促，第二份半价、第三份免费的冰激凌，要不要入手？结婚买个钻戒，能保值吗？度假是选择境内还是境外，是自驾还是跟团？毕业后是找个大公司打工还是自己创业？是在城市里打拼，还是在田野里开创一片新天地？要不要暂时退出职场？若退出，是居家还是继续深造？朋友之间、亲友之间，共同费用如何分摊？生活中充满选择，你所遇到的困难，很多都可以用管理会计思维来解决。

　　提起会计，很多人以为，这是管钱的；其实会计是管账的。多数人能看到的会计账是会计报表，那是给外部使用者看的，与其相关的学科叫财务会计。在企业里，还有一种账是专门帮

助管理者做选择的，叫管理会计。它通过专门的分析工具和方法，帮助管理者识别成本，分析经济效益，推动决策执行。只有经营者才需要考虑管理吗？其实不然，诸如人们生活中的吃穿住行、人情往来，工作中的就业选择、职场交往，管理可谓无所不在。而为管理提供支持的管理会计专业知识，也和你的生活、工作息息相关。外出旅游之时，哪里是你的心仪之地？是选择跟团还是自由行？虽说萝卜青菜各有所爱，一些经济账却是不得不算的，这时就需要用到决策工具了。旅游计划做好了，你又怎么来控制你的开支，避免超支情况发生？这就需要你做好预算，预留足够额度并且加强执行中的控制。记个手账，核对下剩余的资金，这其实就是在做执行会计了。在决策好、执行好的情况下，一趟完美旅行将在给你留下美好记忆的同时，印证决策的有用性。若将这些经验与解决方式重新优化，你将具备安排集体活动等的管控能力，当需要为公司团建做规划时，也就轻松多了。

　　其实，**选择时的纠结只是表征，人们内在的焦虑是如何识别价值、创造价值、守护价值**。很多情况下，你犹豫不决，是因为缺少衡量的工具以及可遵循的管理法则。解决这类问题将会用到管理会计的智慧。

为什么要写这本书

最应该学习的管理能力与思维。选择比努力重要，但是选择的试错成本很高。从企业层面来看，管理会计是决策层降本增效的分析与管控工具。从个体层面来看，管理会计也是我们合理分配个人精力与财力、预估风险，做出最佳决策与投资选择的技术手段。如果说财务会计和个人能力为你提供了选择的范围与偏好，那么管理会计更为灵活，它通过提供标准、分配权重将这些筛选条件量化，让你能在更复杂的变化中也更理性，提高掌控人、财、物的能力。

最有"钱"途的财务岗位。传统的会计以财务会计为主，在过去，管理会计常处于"养在深闺人不识"的状况，管理会计的研究者，也只能"板凳甘为十年冷"。自 2014 年起，财政部大力推动管理会计发展，管理会计逐渐被大众熟知。2017 年，会计从业资格证书取消，行业变革启动。随着信息化和人工智能（AI）的普及，普通财会职员面临失业危机。但是支持管理运营、从事财务分析工作的管理会计师一骑绝尘，成为企业管理者的伙伴。管理会计师不仅会算账，还能做分析、出方案，为企业降本增效、创造价值。目前，从事财务会计的人很多都在转型学管理会计，管理会计师考试的报名人数逐年增加，管理会计俨然成为行业的下一个风口。

雨巷烟火，不过市井百态。在本书中，我将站在管理会计角度，为你解读日常生活中的各种场景。熟悉了管理会计的方法后，你将从成本、决策、控制与战略方面读懂生意经，走好人生路。

本书是写给哪些人的

本书以成本为中心，将管理会计知识与日常可见的社会、经济生活的场景和事件相联系，从管理会计视角加以解读，带你走入管理会计的世界。

如果你是大学生，管理会计将让你更有成本意识，更重视人生规划。你将比同龄人更有紧迫感，在时间和精力安排上将有的放矢，提早做好职业准备。本书帮助你将生活中的问题与专业知识结合起来，帮助你塑造管理会计思维，在人生起步时选好道路，改变你的人生格局。

如果你是会计新人，没有充足时间整理筛选知识，缺乏实战经验，那么本书中凝练的内容——侧重实际应用的专业解读，可以帮助你迅速成长。

如果你是会计老手，在 AI 时代全面来临的背景下，财务机器人上岗，财务会计工作的信息化、智能化是否让你焦虑了？别担心，技术替代的是基础性工作。具有丰富岗位经验的你，所缺的不过是管理会计的专业思维。如果你将丰富的阅历与本书的实例融会贯通，那么将可以深入体验管理会计的智慧，快速充电，打通做分析、做决策、做控制的"任督二脉"，满足职场成长需求。

如果你是管理者，你是否拥有管理会计思维？管理会计是给管理者看的会计，是披着会计外衣的管理学。作为管理者，你关注的是瞬息万变的市场和日常管理决策：价格如何定？广告如何投？关键零部件去哪里买？分店还要不要开？要不要放权？应如何激励员工？你的决策如果有了管理会计思维的支持，将如虎添翼。呼唤公司里的会计人员，做你的商业伙伴吧。

本书的结构

本书分为五篇，以成本为核心围绕管理会计应用展开，共有 16 讲、40 余个管理会计知识点，涵盖近 20 个应用场景。

第一篇"人人都需要构建成本意识"，结合场景帮你快速掌握管理会计的成本概念和决策基础。通过案例梳理成本概念和各种成本分类，帮助你掌握成本数量和收入之间的依存关系，了解品种结构变化对利润的影响，了解成本分配的重要性。**第二篇"定价决策分析：找到迷宫的出口"**，结合实例教你应用各种定价决策工具，包括不同市场条件下的定价决策和特殊定价决策。**第三篇"生产决策分析：复杂乐器如何奏响美妙乐章"**，阐述如何做出自制外购决策、进一步加工与否决策、停产与否决策和长期决策。**第四篇"不以规矩，不能成方圆"**，讲的是，控制会计，结合案例教你建立有效责任制度，制定有效激励，实现决策目标。**第五篇"不仅要面包，还要诗和远方"**，讲的是战略成本管理，教你拓展思维，站在战略层面考虑质量成本、环境成本、战略成本，在决策中不图一时之利，以谋大局、成大事、举大业。

本书将借你慧眼，树立管理会计思维，构建会计职场专业升级能力，识别现实，提高财商！

你应该怎么学

学习贵在持之以恒，学以致用。要想通过这本书学到我想呈现的管理专业知识，你应该做到以下四点。

用心体会。每个场景故事背后隐藏着专业工具，要善于体会案例与专业知识的结合点，学会案例中分析问题与解决问题的方法和思路。

勤于思考。虽然故事是轻松的，但是思考却颇费脑筋。每个故事有一定的主题、一定的社会经济条件，要善于从其他角度思考，看是否还有其他解决问题的方法。这些方法可能要算经济账，但又不只是算经济账。毕竟，管理会计是综合性学科，各种方法的综合是其特点之一。

探索应用。书中的案例与场景源于生活和各种新闻报道，事实上它就在你我身边。我也在书中留下了相应的问题线索，你要勇于探索，去寻找更多的相似场景和案例，用管理会计的方法思考、分析，从而提高应用知识的能力。

总结提升。基于你的学习、探索与思考，结合本书所呈现的应用知识体系，形成自己的思维模式，最终将其应用自如，成为职场达人。

现在就让我们推开管理会计之门，一起用管理会计思维探索现实世界吧。

郭晓梅

2023 年 8 月于厦门

目 录

c o n t e n t s

目　录

目　录

第四篇　不以规矩，不能成方圆

第五篇　不仅要面包，还要诗和远方

目 录

第一篇

人人都需要构建成本意识

在生活中，有的人特别精明，善于"薅羊毛"。例如，曾经有人用 29 元买个同城高铁商务舱的票，有吃有喝有服务，还能将 45 元盒饭打包。有的人则比较迷糊，听到各种折上折，就用满减入手各种"宝贝"，结果把家变成储物间，来年还要花钱断舍离，白白交了一笔智商税。精明也罢，迷糊也好，关键在于会不会"算账"。精明者会算经济账、时间账、人力账，既能算大账，又会算小账；既能算明面上看得见的账，又会算背后看不见的账；看得见当前账，也算得了未来账。要"会算账、算好账"，心中有本账，做个明白人。

要怎么算好账呢？关键是要树立正确的成本意识。强调成本意识就是指省吃俭用，压缩一切成本吗？不。要知道成本不是越少越好，我们应树立投入和产出观念，并将它融入潜意识中，形成一种思维习惯。一句话，该投入的一定投足，该控制的则必须控制。

接下来，让我们先从认识各种成本开始学习。

第一讲 ┃ 洞察成本才能算好账

本讲先带你熟悉管理会计中关于成本的一些重要概念，然后在理解这些概念的基础上，观察现实生活中的种种现象，分析其背后的成本逻辑，并应用相关分析工具算好账。这一讲介绍成本概念，以便为后续在不同场景下的决策与控制奠定基础。

本讲关键词：成本、成本对象、直接成本、间接成本、成本性态、变动成本、固定成本

成本是一种资源的消耗

当你刷视频时，看到一位优雅的女士背了一款名牌包，它正是你梦寐以求的那一款，高昂的价格令你犹豫不决。你脑海

中闪过自己银行卡的余额，计算着这款包的使用频率、保养清洁费用……

可以说，在决策的制定与执行的过程中，人们免不了要算账。毕竟，钱不是万能的，没有钱却是万万不能的。这个算钱或者算经济账的过程，其实就是管理会计的应用过程。

算账需要用到管理会计的一个核心概念：**成本**。

将欲取之，必先予之。进入商品经济社会后，人们不再以货易货，而是以货币为流通手段，通过交易获得商品。**商品生产过程必然要消耗资源，成本就是一种资源的消耗。将这种消耗用货币形式表现，并且将其对象化，就形成了成本。**我们常常能够听到的词有原材料成本、劳动力成本、时间成本等。

成本怎么有这么多种划分方式？人们应该怎么计算各种成本？

最近一档电视节目《种地吧》深受年轻人喜爱。小队成员不仅要负责农作物的播种、灌溉、施肥与收获，还要解决自身居住、饮食、资金分配及学习农业技术等问题，这些都涉及成本。如今不少网红选了种菜，都市白领也有不少热衷于租地种菜。甚至有人开发出花式种菜技能，扩展了生存之道。如果年轻人选择做新型全职农民，该如何评估关键生产要素的支出？我们先来通过一个简单的例子① 看看菜农是怎么计算成本的。

---

① 陈灵，詹伟志. 石狮农民萝卜滞销，收成好价格低亏本仍卖不动. 泉州新闻. 2017-03-02.

有一年，石狮市的萝卜因为收成好，价格从上一季的 0.9 元 / 斤直线下降到 0.17 元 / 斤，结果外地客人还是不来收购，销路就此断了。

农民小钟为了改善灌溉，投入十多万元添置灌溉设备。到了收成季节又雇用了工人，女工工费要 120 元 / 天，男工要 160 元 / 天，再加上平时的养护费用，萝卜需要 0.2 元 / 斤的成本。也就是说，现在哪怕在亏本卖，也依然卖不动。

在早些年也有类似情况。萝卜价格好时批发价格约为 1.2 元 / 斤，可是有一年收购价只有 0.3 ~ 0.4 元 / 斤。

××蔬菜基地的小苏算了一笔账，如果他种的 2000 平方米萝卜都可以顺利卖出去，大概可以卖 8000 元；2000 平方米萝卜地所需要的 0.6 斤种子为 120 元，9 包化肥共 1800 元，农药 400 元，请人前来犁田的费用为 420 元。

如果不计算人工成本费，两个多月小苏夫妻两人分别只赚到 2000 余元。"我要是把种菜的时间用去打工，一天也能赚 150 元，比种萝卜划算多了。""和出去打工相比，我真的亏惨了。"

小苏说亏了，他算的是什么账？这需要我们分析一下他种地和打工的成本分别是多少。

农民　　白领

经济学视角下的成本

如果从资源的经济用途来看，菜农种菜的成本是多少？

我们首先需要明确是算什么东西的成本，也就是**成本对象**。菜农想拿到市场交易的是蔬菜，也就是萝卜。所以萝卜就是我们的成本对象。

那么在种植萝卜的过程中，菜农投入了哪些资源呢？用会计的语言来说，构成成本对象的项目有哪些？小苏提到的种子、化肥、农药都是蔬菜种植过程中的材料成本，平时自己下地干活算人工成本，不过呢，不用付现金。到了收获季节忙不过来，请人帮工则算人工成本，要一日一结。这样我们把种地的主要成本项目找出来了，这些就是**直接材料和直接人工**了，也叫**直接成本**。

当然了，种地要投入的不只是这些资源。比如，小苏夫妻负责管理菜地，例如要安排什么时候播种、什么时候浇水施肥，要处理与邻近田地的关系等，用会计的语言来说，这些就是**加工过程中的管理成本**。此外，如果是建蔬菜大棚，则要花钱；如果地是承包的，那么承包的租金也是支出；农具如果是租的就要付租金，如果是自家买的，那么就会有损耗；一些菜农还有可能为了改善浇灌购买浇灌设备……以上都属于与生产过程有关的成本，不过，这些项目通常不只是投放在这一期的萝卜地上的，而是被用在许多地方，比如种了其他蔬菜。小苏夫妻二人还可能从事了其他生产经营活动，这些资源被投放在多种对象上，而不只是被用在种萝卜上，所以对于萝卜这个成本对象来说，这笔费用就成了**间接费用（共同费用）**。

直接材料、直接人工和间接费用，构成了产品的生产成本（见图 1-1）。

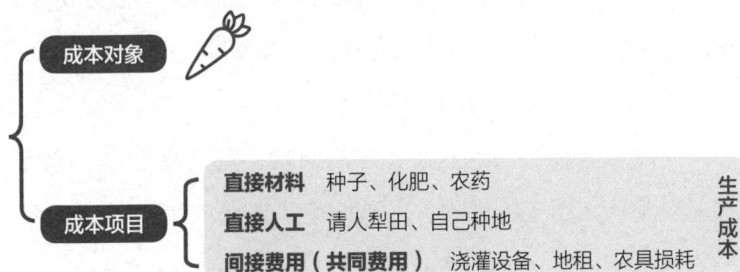

成本对象

成本项目

直接材料　种子、化肥、农药
直接人工　请人犁田、自己种地
间接费用（共同费用）　浇灌设备、地租、农具损耗

生产成本

图 1-1　种植萝卜的成本

总结一下，若想判断经济学视角下的成本，我们首先要明

确成本对象，然后确定成本的构成项目，再根据构成项目查找直接成本与间接成本投入。

管理会计视角的成本

从管理会计角度，菜农的成本还可以有其他的分类方法。最常见的做法是根据成本性态划分。**成本性态**，是指成本随着作业量的变化而变化的特性。按这个标准，成本可以分成**变动成本和固定成本**。种子、化肥这些直接成本，其消耗和种地面积的大小通常是正相关的，种一亩^①萝卜需要 2 两^②种子，二亩地需要 4 两种子……这种成本叫作**变动成本**。其他如化肥、农药也有类似的特征，都可以算变动成本。而农具的费用，还有小苏夫妻管理农田的成本，通常情况下是比较固定的，种三亩地也好，一亩田也罢，总额基本不变，这就叫作**固定成本**。

为什么要这么区分呢？因为我们决策时需要识别相关成本，这对于菜农决定是去种萝卜还是去打工会有用。**相关成本**，即由于采取某一方案所导致的增量的资源消耗。

你注意到没有，小苏在算账的时候，直接报出种子等直接材料和请人帮工的成本，三亩地花了 2740（种子 120+ 化肥

---

① 一亩 ≈ 666.67 平方米。

② 1 两 = 50g。

1800+ 农药 400+ 人工犁田 420=2740）元，这些是直接成本、变动成本，同时也是本决策的相关成本，因为只要选择种菜就必然支出以上成本，反之就不需要支出。

但小苏没有提到农具费用和他们夫妻的工资问题。

如果从管理会计角度来看，小苏以种菜为生，农具家里本来就有，不是为了种萝卜而临时租的，不管种或不种，这费用都是早已经发生的**沉没成本**，并且是固定不变的，是不相关成本，所以就不用计算了。

那么，夫妻二人的工资要不要算呢？如果他们本来都没有其他工作，只以种菜为业，那不管种不种菜，都没有人需要向二人支付工资，他们所谓的工资也没有差别，那么同样是不相关成本，自然也不用计算。

不过，现在农民的机会其实不少，小苏是有打工机会的。种菜耽误打工了，因此他失去了潜在的打工收入，因种萝卜而丧失的打工收入叫作**机会成本**。

对于小苏而言，每人每天的打工收入为 150 元，若每月工作 25 天，则他每月的工资为 3750 元。萝卜从种子播下到成熟需要 2.5 个月，那么每个人在种植期间的机会成本是 9375 元。这些应该计在为种三亩萝卜而不去打工的相关成本中。

总结一下，管理会计视角的成本，可以根据成本是否随产量变化而发生变化的特性（成本性态），分为变动成本和固定成本，根据成本与决策的相关性分为相关成本和不相关成本。相关成本中包含机会成本（见图 1-2）。

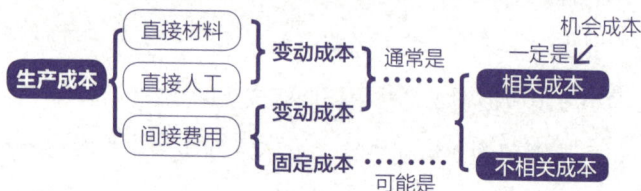

图 1-2 　管理会计中的成本划分

农民种菜为生的成本

　　决策不仅要算成本，还要看收入，把收入和成本对减，计算损益。当下，萝卜已熟待售，小苏这三亩萝卜的盈亏情况如何呢？在行情好、都能卖出去的情况下，能卖 8400 元，扣除直接材料和直接人工成本 2740 元（这个是真金白银的支出），赚得 5660 元。用管理会计术语来说，赚的钱叫**贡献毛益**。贡献毛益又称边际贡献，是指产品销售收入减去变动成本后可供抵偿固定成本并创造利润的数额。

$$\textbf{贡献毛益} = \textbf{销售收入} - \textbf{变动成本}$$

　　在上一个案例中，假设苏太太本身没有打工机会，那么在算盈亏时至少得再扣除小苏不种菜而是外出打工的机会成本 9375 元，结果损益为 -3715（5660-9375）元。你看，这哪里是赚了？要是再考虑苏太太的人工机会成本，那更是亏大了。难怪小苏抱怨种萝卜不如去打工，他们实在是被种菜"耽误"了！

至于小钟，如果萝卜收购价格降到 0.17 元 / 斤，他就只能让收购者自己拔萝卜了，至少还能省下请人采挖的工钱。节约的现金流出就是**机会收入**了，机会收入可以抵消相关成本，减少损失。

总结一下，决策时考虑盈亏的主要依据是贡献毛益，要将销售收入减去变动成本，并且这些成本都应该是相关成本。这是由于决策导致的现金流入或流出的变化。

> 思考题：菜贱伤农，难怪许多农民选择进城务工。可是菜贵伤民，政府又要想办法稳住"菜篮子"。怎么帮助菜农解困呢？

白领种菜的成本

农民种菜为了生计，市民种菜为了乐趣。下面我们再来看一个场景，分析下市民种菜的成本和决策。

在诚信会计师事务所工作的琳达（Linda）家住上海闵行小区，琳达平时喜欢园艺，她在 6 平方米的阳台上打理出一个小菜园，种的是生长周期短的香葱、韭菜、鸡毛菜和各种调味菜。有些菜种是买的，有些是上一期收成自留的种子，还有些就是把吃剩的菜头留下种的。种菜的肥料，就是平时收集的烂菜叶、果皮、鸡蛋壳沤出的肥料。蔬菜随用随取，它们既能给平日的炒菜面食提味，又能调配出沙拉菜。有一年，强台风来袭，周边菜农损失惨重。在断水断电的几天里，市场上几乎见不到叶菜，当时这个阳台菜园便发挥了大作用。

当时，在买菜平台上，买蔬菜要拼手速，甚至有时居民全家上阵轮流抢，也经常抢不到。即便抢到了，价格也不划算。此外，抢到了也不能保证能送到，由于路障待清除，送菜车进不了城。既然强台风已导致全城停工，琳达干脆发动全家人齐上阵，全心打理菜园。

他们把不用的矿泉水桶拉出，经简要改造制成立体小菜箱，把原来储藏的菜种取出，分类播下。他们专门下单了有机肥，调配了辣椒水，堆肥驱虫。为了增加光照，他们还下单买了几个植物补光灯，每天开 9 小时，即便在梅雨季节，阳台依然光照充足，蔬菜长势喜人。琳达最终在台风期间实现了蔬菜自由，而且在台风过后的一段蔬菜稀缺期，一家人也自给自足。

一个偶然机会，琳达听说周边城郊区有共享菜园，邻居杨先生一家花 3000 元租了 200 平方米的菜地，平时他们一到周末就会驱车前往劳动，自得其乐。琳达也有点儿心动，想着是不是以后可以去租块地。她打听了一下，有个活动，每份地 66 平方米，可以付地租后自种自收，一年租金 400 元；也可以半托管，自种周末自收，平时有专人管理农场，一年租金 600 元。农场免费提供工具、浇灌设备和除草设备。

对于琳达来说，种菜的成本要怎么算呢？同样要从直接材料、直接人工和间接费用入手。阳台种植，菜种如果是吃剩的菜头，那么这些是本来要扔的东西，不要钱，因此成本为零；如果是买的，要付钱，这付出去的现金则要算成本，就算 20 元吧。不过，琳达拿出的是原来储藏的菜种，如果是买来存放的，由于款项已经支付，属于历史成本、沉没成本，因此不相关。如果是自留的，那么因为这菜种本来也不会拿出去卖，所以价值为零。因此，就直接材料的成本而言，为零。

那么直接人工呢？台风来袭之前，琳达也就是在工作之余随手打理园艺，没有占用工作时间或其他赚钱时间，所以成本为零。台风停工期间琳达居家工作，且全心打理菜园，如果由于打理菜园而影响了工作，那么造成的工资下降就是机会成本，构成种菜的人工成本。不过，居家办公时间灵活，琳达可以通过灵活安排时间来实现两项兼顾。机会成本大抵是不会有的。

至于她的家人呢？这就要具体情况具体分析了。如果他们为了种菜而耽误了其他能赚钱的工作，那么就会有成本，和菜农打工成本一样要算；不然这成本还是零。那么还有什么费用呢？肥料、辣椒水、植物补光灯是买的，要算钱；每天开上9小时的灯，电费消耗要算钱。虽然这电是和家里生活用电一起算的，不过，电力消耗增加了，一不小心可能也是一笔可观的费用。电费增加了，这是由于种菜增加的费用，是相关成本，要算。一天多用两度电，算1元吧，一个月多30元。至于其他的，阳台是自家的，菜箱是废旧用品改造的，都不要另外付钱，所以，生产资料没花钱，满打满算，成本不高。

除了成本，阳台种菜值不值还要看收益。有人说，种出来的菜都是自己吃了，没有产生收入呀。换个角度，如果琳达不自己种菜，而是去买的话，要多少钱？如果是平时，一颗白菜不就是4～5元吗？小葱、鸡毛菜也要不了多少钱。是呀，这是平时。可台风期间就不一样了。一颗白菜30元，每天的菜金可是不少。这就是由于阳台种菜节省的支出，算阳台种菜的相关收入，用这个收入和种一个月菜的区区几百元消耗对比，种菜值不值不就一目了然了吗？当然了，台风期后，菜价回落，种菜的收益自然也就下降了。不过，Linda本来也没有把阳台种菜当作谋生之道，而是当作生活乐趣，她享受纯天然蔬菜带来的健康生活。

如果是去郊区租地种菜，又当如何呢？

此时，种植面积已经扩大为原来的 11 倍，所需要的各种物资，就不再是变废为宝能解决的了。种子、肥料需要另外买，人力投入也要增加，并且每周驱车去农田，车费油耗这些都要算，地块要付租金，所幸工具设备等由农场免费提供。租地种菜的成本将大大增加，收成自然也会增加。假如一个月有 300 斤的收成，一年中有 10 个月有收成，共约 3000 斤。这种方式的机会收入可以估算。从经济账来说，不见得划算。不过，市民租地种菜，大多图的是亲近大自然和吃到放心菜。这样来看，他们获得的收益，就是种菜之外的了。

总结一下，相关成本因情景的不同而不同，需要我们具体情况具体分析，分析的核心点为是否因为该决策而引起现金流入或流出的改变。

> 思考题：如果你去郊外租地种菜，你会选择自种自收，还是半托管？

── 小结

明白人就是会"算账"

- 精明者会算经济账、时间账、人力账，包括大账与小账、显性账与隐形账、当前账与未来账等。

成本是一种资源消耗

- 成本是将商品生产过程中消耗的资源用货币形式表现，并将其对象化。

- 经济学视角下，成本可分为直接材料、直接人工与间接费用。

- 管理会计视角下，成本按性态可分为变动成本和固定成本。

- 决策的关键在于识别和计量相关成本。

- 相关成本需要我们具体情况具体分析，核心点为是否因为该决策而引起现金流入或流出的改变。

第二讲 ｜ 本量利分析：踩准油门，配以最优油耗

想象一下，你是一名司机，你的目标是以最佳的速度到达目的地，并在旅途中尽量节省燃油。本量利分析就像是你在驾驶中不断观察并调整踩油门的力度。你通过试验不同的速度，观察燃油消耗和到达时间的变化，找到最佳平衡点。如果你开得太快，燃油消耗会增加，但到达时间会提前；如果你开得太慢，虽然燃油消耗减少，但到达时间会延后。

本量利分析帮助企业决策者通过观察和比较不同销售量下的利润水平，找到最佳的销售策略。就像司机调整油门以平衡速度和燃油消耗，企业决策者需要平衡销售量和利润，以实现经济效益最大化。

本讲要带你先熟悉管理会计的基础性决策工具——本量利

分析，然后我们一起用这个工具来观察和分析现实世界现象背后的种种决策逻辑，帮助你分析利润和成本数量变化之间的依存关系，从而做出科学决策。

> **本讲关键词：** 本量利分析、贡献毛益、盈亏平衡点、保本点、相关范围、经营风险

决策利器——本量利分析

在日常生活中，我们常常在打折商品面前失去理智。比如，在超市购物时，我们经常会遇到"买一送一"或打折促销的产品。当我们自以为买得划算时，心中不免疑惑，商家是如何赚钱的？其实，这些促销活动的目的是通过降低销售价格来增加销售量，从而增加利润。这就涉及管理会计学中的本量利分析概念。

本量利分析是一个分析作业量（即产出量或销售量）变化和销售单价、单位变动成本、固定成本、品种结构和利润之间关系的方法，也是做决策的基本工具之一。这一方法是这样算利润的：

$$利润 =（销售单价 - 单位变动成本）\times 销售量 - 固定成本$$

其中，销售单价减单位变动成本叫作单位**贡献毛益**，乘以

销售量，就是贡献毛益总额。这个公式其实等同于上一讲所说
的销售收入减变动成本。企业从经营活动所赚得的销售收入，
首先弥补变动成本，形成贡献毛益。当贡献毛益总额达到固定
成本水平时，企业刚好达到**保本点（即盈亏平衡）**。若贡献毛益
继续增加，那么企业就能赚钱了，**利润是由增加的贡献毛益带
来的**（见图 2-1）。

图 2-1　本量利分析

你是不是有似曾相识的感觉？固定成本、变动成本，这些
都是我们在第一讲里提到的会计名词。那么怎样才能保本呢？
怎样才能赚钱？我们来看看酒商是如何利用做广告增加收入，
又是如何栽在广告上的。

成也广告，败也广告

人们常说，酒香不怕巷子深。不过，放在当下，这句话可不全对。好产品也要好窗口，所以，广告成为企业营销推广的一个重要手段。

做广告哪家强呢？在传统媒体时代，中央电视台黄金时段的广告位，是众多商家所梦寐以求的；而其中的"标王"桂冠，更是万众瞩目的。因为它不仅仅是一般意义上的广告，更是竞争对手比拼实力、排定座次的象征。

1994年年底，中央电视台黄金段位首次面向全国招标，孔府酒以3079万元成为"标王"，获得了1995年的黄金段位。尽管曾经风光无限，但孔府酒最终被零成本收购。1995年底，秦池酒厂以6666万元一举成为"标王"，1996年，其更是以约3.2亿元的天价蝉联"标王"，但仅仅两三年后，秦池酒厂就负债累累，其商标被作价300万元拍卖，企业最终被整体出售。1998年以2.1亿元获得"标王"桂冠的爱多VCD，在当年就败于碟机价格大战中。由于历年"标王"屡屡落马，于是就有了所谓的"标王陷阱"①之说。

---

① 主要参考资料：冯冬宁. 秦池二十年：一代"标王"的悲喜剧. 凤凰网. 2017-12-13.
　　吴晓波. 大败局（1）（修订版）[M]. 浙江大学出版社，2014.

秦池酒厂两夺标王

秦池酒厂成立于 1990 年，当时年白酒产量仅为 1 万吨左右，产品只在潍坊地区销售。后来秦池酒厂凭 50 万元在东北进行促销，方式包括电视广告、免费品尝、宣传单等，以此开拓了东北市场，白酒销售额节节上升。1994 年开始，酒厂获得了较多的利润。

1995 年，厂长踏入中央电视台梅地亚中心，随身携带 3000 万元（相当于 1994 年秦池酒厂所有利税之和，也相当于卖出了 3 万吨的白酒）。但这笔巨款距离夺得标王之位还是很远，经过紧急协商，秦池酒厂调整标底，最后，以 6666 万元成功竞得"标王"。

1996 年底，尝到甜头的秦池酒厂厂长再次走进中央电视台梅地亚中心。受秦池酒厂去年成功经验影响，现场竞标形势相当激烈，一家名不见经传的山东白酒企业——金贵酒厂喊出 2.0099 亿元的天价。岂料，秦池酒厂开出 3.212118 亿元的投标金额。

这一次，秦池酒厂能否再续辉煌？

接下来，我们将站在管理会计视角，来分析秦池酒厂是如何"成也标王，败也标王"的。

企业以固定金额夺得"标王"，增加的成本属于固定成本，不随销售量变化而变化。根据本量利模型，贡献毛益等于固定成本之时经营保本，之后增加的贡献毛益形成利润。如果固定成本增加，增量贡献毛益等于增量固定成本时，企业可以保持原来的利润水平。当单位贡献毛益不变时，增量贡献毛益依靠销售量拉动，当增量贡献毛益的增加超过增量固定成本的增加时，企业利润增加。

秦池酒厂 1994 年的利税之和（即营业利润）是 3000 万元，说明酒厂原来的"贡献毛益 – 固定成本"额为 3000 万元。这笔收益原计划全部作为 1996 年新增加的广告支出。

这是怎么考虑的呢？假设投入广告后销售量没有增长，这部分增加的广告支出（固定成本）刚好可以用原来的利税弥补，企业正好保本。

不过，由于企业最终付出的代价是 6666 万元，比原计划多出 3666 万元，如果销售量没有增加，则企业将亏损 3666 万元。如果企业要保本，贡献毛益总额就必须增加 3666 万元。即**增量固定成本 = 增量贡献毛益**。

在做广告前，企业是盈利的。所以从决策目标看，至少应该保持原来的利润水平，这个决策才是有效的。而如果企业要保持原来的利润水平（3000 万元），那么增量贡献毛益必须等于增量广告费总额 6666 万元。

秦池酒作为一种低价酒，单位贡献毛益不太大，因此，贡献毛益增长必须依靠销售量，即市场份额的扩大。一旦预期的市场份额扩大量没有实现，则企业将出现亏损。所以一掷万金的举动，在当时看来确实相当大胆。

幸运的是，"标王"所带来的品牌效应，使秦池酒在1996年获得了巨大的销售额。根据秦池对外通报的数据，当年度企业实现销售收入9.8亿元，利税2.2亿元，增长了5 ~ 6倍。如果按1994年的数字匡算，企业应当是卖出了7万吨左右的白酒。

由于销量显著增加，不仅秦池酒厂竞标所增加的广告费投入（固定成本）得到了补偿，酒厂的利税也获得了巨大增长。

总结一下，根据本量利模型，企业在保本时，贡献毛益等于固定成本，之后增加的贡献毛益形成利润。

如果固定成本增加，当增量贡献毛益等于增量固定成本时，企业才能维持原来的利润水平。

当单位贡献毛益不变时，增量贡献毛益依靠销售量拉动，当增量贡献毛益的增加超过增量固定成本的增加时，企业利润增加。用公式表示如下。

（销售单价 – 变动成本）× 销售量 = 贡献毛益

贡献毛益 – 固定成本 = 营业利润

盈亏平衡时，固定成本 = 贡献毛益

增量贡献毛益 = 增量固定成本，广告营销盈利状况不变

增量贡献毛益 > 增量固定成本，广告营销利润增加

增长的天花板

在本量利模型中，变动成本和固定成本的性态不会一成不变，而会受到相关范围限制。如果产销量的增加超过增长的天花板，用会计术语说，超过相关范围，成本与产量的依存关系将发生改变，可能出现固定成本增加和变动成本非正比例增加的情况，导致利润下降。例如，在阳台小规模种菜，菜种几乎免费可取，变动成本为零；但是到郊区租地种菜，规模扩大，种子不够用，需要市民另行购买，变动成本则必然增加。阳台种菜利用市民自家空间，无须交额外的地租费用；郊区种菜则需要交地租，导致固定成本增加，等等。

按照上文案例的发展逻辑，如果良性循环能继续，酒厂投入广告越多，销售量越大，增量贡献毛益越多，那么利润不就越来越大了吗？1996 年底的秦池酒厂，似乎就是这么想的。所以第二年他们砸出了 3 亿元的天价广告费！

从会计角度看，1997 年的广告费比 1996 年增加了近 2.55（3.2121–0.6666）亿元，如果不考虑其他固定成本增加，酒厂要使利润与上年持平的话，企业的贡献毛益就必须增加 2.55 亿元。如果 1996 年的奇迹照常出现，那么酒厂的利润还会增加 5 ~ 6 倍吗？1997 年，秦池酒厂制订出 15 亿元销售额的计划。但企业真的有能力生产、销售这么多的酒吗？

固定成本的"固定"，是有相关范围限制的。成本在一定时期、一定产量范围内是固定的。当企业经营规模进一步扩大，超过企业现有生产能力的时候，企业就必须增加投入、扩大规模，从而引起固定成本的增加。若其他因素不变，其利润水平必然下降。如果规模没有改变，那么生产将无法满足扩大的销售量需求，从而使企业无法实现预期的销售额增长，也就无法实现利润增长。

另外，如果生产能力不改变，销量急剧扩大，那么对于直接材料、直接人工这些变动成本，其特性也可能发生变化。因为这些成本其实也有相关范围限制，如原料紧缺、价格上涨、工人加班、工资增加等情况，都会导致成本增加，利润降低。

总结一下，根据成本性态划分变动成本和固定成本，存在一定的相关范围。在相关范围内，企业研究产销量变化对利润的影响，可以参考原来的本量利模型。如果产销量的增加超过了相关范围，则成本与产量的依存关系发生改变，就可能出现固定成本增加和单位变动成本增加的情况，导致企业利润下降。

固定成本与企业的经营风险

固定成本过高，会导致经营风险增加，销售量不是越多越好。超过了相关范围，利润反而可能下降。如果销售量下降，那么企业将陷入利润下滑甚至亏损的局面。

"一个县级小酒厂，怎么能每年生产出 15 亿元销售额的白酒？"带着这个困惑，北京四位记者开始了对秦池酒厂的暗访调查，结果发现，秦池酒厂每年的原酒生产能力只有 3000 吨左右，不断增加的销售量，不是通过扩大生产增加产量来实现的，而是通过从四川收购大量的散酒，再加上本厂的原酒、酒精，勾兑成低度酒，随后以"秦池古酒""秦池特曲"等品牌销往全国市场的。消息传开，秦池酒厂轰然倒下。1997 年，秦池酒厂完成的销售额不是预期的 15 亿元，而是 6.5 亿元；1998 年，更是下滑到 3 亿元。没有了销售额的支撑，贡献毛益急剧下降，而巨额的固定成本无法免除，亏损不可避免。最后，秦池酒厂的商标以 300 万元作价拍卖。2004 年，秦池酒厂无奈被整体出售。

可见，投入巨额广告费用并非万能的。作为固定成本，广告费的增加使企业的保本点上升，企业经营风险加大。只有增加销售量才能使该广告支出得到补偿，并带来利润。而在销售量增加超过相关范围后，企业的成本性态将发生改变，固定成本和单位变动成本将上升。

一旦销售量由于市场原因或是企业经营规模限制而无法增长，甚至下降时，无限制的固定成本（广告费）支出只能增加企业的风险，从而加速企业的灭亡。

秦池酒厂显然知道利用相对固定的广告成本撬动巨大销售收入的赚钱秘诀，但是聪明反被聪明误，它忘了考虑自身生产能力。媒体记者则比沉浸在蝉联"标王"成功喜悦中的秦池酒厂的管理者更为精明，更懂会计。即便在当下，在进行投放广告决策时，这个案例依然能对企业管理者起到警示作用。

总结一下，固定成本的固定特性，是针对特定的相关范围而言的。在超过相关范围后，固定成本不见得固定。特别是当业务量增长过高时，固定成本将可能增加，此时企业的经营风险将加大。

天价广告费能带来超额收益吗

尽管有秦池酒厂这一前车之鉴，白酒企业在广告投入方面仍是勇往直前，如五粮液、茅台等厂商的广告投入均亿元起步。在商业社会里，失去了曝光度，就可能失去消费者。白酒厂家敢于继续投入天价广告费的底气究竟从何而来呢？

且看听花酒的故事[①]。

> 听花酒，精品酒为 58 600 元一瓶，标准装的是 5860 元一瓶。在 2022 年，其遍地开花，被冠以"天价白酒"之名。在中国超高端白酒影响力方面，该酒在热议榜综合排名领先。其独家代理商青海春天的 2022 年年报显示，2022 年，以听花

[①] 主要参考资料：青海春天 2022 年年度报告，青海春天对上海证券交易所《2022 年年度报告的信息披露监管问询函》的回复公告。

酒为主的酒水业务收入为 9364.32 万元，同比增加 268.75%，经销商渠道同比大增 662.81%。当然，销售收入的增长与销售费用的增长分不开。2022 年年报显示，销售费用增加，主要是酒水业务市场推广费增加，其中广告宣传费约为 7413.62 万元，同比增加 200.8%，代理、设计和服务费约为 3399.81 万元，同比增加 57.10%。这引起了监管部门的关注，监管部门对听花酒下发了问询函。上市公司随后做了进一步的信息披露，提供了交易金额 100 万元以上的供应商的详细信息，而审计机构也给出了审核确认收入的结论。查阅其披露的信息还可以发现，1964.73 万元的广告费支付给了北京 ×× 文化传媒有限公司，投放于机场 / 央视广告；其他广告宣传费被投放于区域电视广播、梯媒、互联网等广告中。此外，公司还举办了各种线下体验店活动，可以说品牌曝光度极高[1]。

为什么听花酒的广告费增加了还能多赚钱呢？前面说了，增量的固定成本还需要增量贡献毛益来弥补。贡献毛益不外乎由销售量和单位贡献毛益两个部分组成。秦池酒属于低端酒，单位贡献毛益增长空间有限（无法提高售价），企业只好提升销量，但又遇到了生产能力的天花板。而听花酒则不同，作为超

---

[1]　2024 年，听花酒被央视曝光，后因涉嫌虚假宣传违反广告法，遭受处罚。本案例仅对其 2022 年年报等资料披露的广告费用投入和酒水收入的效果的关联性做分析，不对其广告真实性发表意见。

高端品牌酒，卖出一瓶精品装酒的收入极为可观，哪怕是标准装（5860 元 / 瓶），卖出一瓶的收入也相当于低端酒的百瓶收入。在提高贡献毛益方面，听花酒靠的不是提高产量和销量，靠的是精准定位高端人群。另外，其广告费比上年增长许多，但从绝对额看，其酒水业务收入比上年增加 6824 万元，按 65% 的贡献毛益率估算，增量贡献毛益额约为 4436 万元。而广告费的投入比上年增加 4949 万元，广告费确实是天价，增量贡献毛益尚不能完全弥补增量广告费。不过比起其他亿元起步的高端白酒，这个投入水平算不上出格。并且，由于听花酒从 2022 年才开始进行大范围宣传，品牌影响时间还会延续，因此增量广告的增量收益还要参考 2023 年的数据[①]。不过，本来可能面临退市的青海春天靠听花酒这一酒水业务回了春却是不争的事实。

　　总结一下，贡献毛益的增加，可以依靠扩大销量，也可以通过提高收入或提高单位贡献毛益来实现。企业对产品的定位不同，采取的手段也不同，应具体情况具体分析。

思考题：如果你从事酒类经营，你会花钱打广告吗？

[①]　2024 年 5 月 9 日，听花酒公布了调低的结算价格，变为 3989 元；上交罚款 180 万元。

你会买年卡吗

在生活中，我们也经常需要应用本量利工具进行决策。比如有家酒店在开业时放出自助餐年卡 12 888 元的活动。有个女子抢到了，晒了出来。有网友称赞值得，但也有说不值得的。到底值不值呢？购买这个酒店自助餐卡，该女子增加支出 12 888 元，这是增量固定成本。要想保本甚至赚到，就要看增量贡献毛益能否超过增量固定成本。那麻烦来了，收益怎么算？这时候要记得先厘清面对的是什么样的决策。其实隐含的决策内容是，到酒店吃自助餐，是按次消费结算划算，还是购买一次性年卡，分次消费划算。

根据本量利模型，保本时，**增量固定成本 = 增量贡献毛益**。

该酒店正常自助餐一次的价格为 128.88 元，这具有变动成本的性质。那么收入呢？对于按次消费或是年卡消费，每次消费顾客的体验（收益）其实是一样的，不会因为决策结果的不同而改变，属于不相关收入，可以不考虑。这样问题就被简化了。将增量贡献毛益的计算转换为增量变动成本的计算，按年卡消费和按次消费的差异，就是按次算的自助餐价格——128.88 元，所以用增量固定成本除以增量变动成本，就可以计算在两种方案无差别时的消费次数了（也叫损益两平点 / 盈亏平衡点）。只要在一年内，该顾客能到店消费 100 次（12 888/128.88=100），那么她就回本了。顾客去消费的次数越多，赚的就越多。所以有的网友说值得，如果天天去消费，这算下来一顿才 35 元。

似乎如此，从经济账来说也确实如此。不过经济学上有**边际效用递减**之说，一顿饭，第一次吃是美味，接着吃还有点新鲜感，但如果天天吃同样的东西，那么顾客的体验感就会大有不同。一旦边际效用下降，增量贡献毛益也随之下降，那么回本所需要的消费次数就要增加了。还有网友一针见血："吃一年自助餐不得胖不少，第二年减肥很辛苦。"这下增量固定成本还得再追加，同样回本的消费次数也要增加。另外还有一点，商家必须是可信的，要不然，顾客才吃了几个月，商家就停止供应自助餐或者干脆中止营业了，那可是得不偿失的。

那么商家呢？如果顾客真的就天天去吃，商家会亏损吗？首先，这种卡为限量发售，本身具有一定广告作用，是为了提升酒店的知名度引流而发售的。商家会限量发售，且每次仅限本人使用。顾客若想带人一起来，就需要进行额外消费，其实这也是在给商家引流，增加贡献。其次，顾客在消费时往往需要预约，有座才能消费。在淡季，自助餐厅一开张，不管顾客有多少，都会发生一些基本的固定成本，变动成本则相对较低。此时，多一个顾客少一个顾客，对餐厅的成本影响不大，即餐厅的增量成本（即**边际成本**，相关成本的一种）近乎为零。只有在旺季，在因年卡客户来消费而导致其他客户无座、无法消费时，酒店才会有每人 128.88 元的机会成本损失。不过，年卡是限量的，使用之前要预约，酒店会控制这种情况的发生，从而控制自己的损失。最后，通过发售年卡，酒店一次性获得了零售 100 次的现金收入，这对于缓解资金压力还是有好处的。

总结一下，利用本量利模型，我们可以在固定成本和变动成本结构存在差异的两个方案之间进行取舍。我们可以根据增量固定成本等于增量贡献毛益的公式测算盈亏平衡点。**在单价不变时，业务量越大，高固定成本的方案越有利；业务量越小，低变动成本的方案越有利。**

小结

决策利器：本量利分析

- 本量利分析方法，解释了成本、销售量和利润之间的依存关系。
- 利润 =（销售单价 − 单位变动成本）× 销售量 − 固定成本
- 利润是由贡献毛益带来的。

成本性态，相关范围来约束

- 当业务量增长过高时，企业的固定成本可能增加，此时经营风险加大。
- 如果产销量的增加超过相关范围，使得成本性态发生改变，则利润可能下降。

量力而行

- 当业务量足够大时，选择高固定成本方案有利；当业务量不大时，选择低变动成本的方案有利。

第三讲 ┃ 识别不靠谱的配方产品

假如一名厨师要做一道非常复杂的菜肴，需要十余种食材。他会计算每种食材的成本，确保菜品的定价和利润合理。

从宏观层面来讲，一个国家需要调整其产业结构以适应不同时期的发展，一个城市也有体现其自身资源优势的产业结构；从微观层面来讲，一个公司有其业务结构，一个业务有其产品结构，一个产品有其原料结构。从会计学角度来看，**品种结构**是指存在多种产品时各个产品之间的比例关系，可以用数量比、销售收入比等来表现它。

在第二讲中，我们已经分析了单价、成本、销售量和利润的关系，如果你只经营一种产品，那么使用简单的本量利分析就足够了。可是在现实生活中，经营者往往会经营多种产品，甚至要把不同的产品组合起来对外销售，这时其就要考虑多品种的本量利分析，了解品种结构对利润的影响了。

多品种产品销售利润＝产品销售总额 × 综合贡献毛益率 － 固定成本

综合贡献毛益率＝各个产品的个别贡献毛益率 ×

各个产品的销售收入占比

贡献毛益率＝（单位售价 － 单位变动成本）/ 单位售价

此外，

综合贡献毛益率＝综合成本 / 综合收入

在分析产品销售利润时，除了销售的数量、价格、变动成本和固定成本四个因素，由于各种产品的贡献毛益率不同，因此品种结构的改变会影响综合贡献毛益率，从而影响销售利润。通过调整品种结构，提高高贡献毛益率产品占比，降低低贡献毛益率产品占比，就能提高综合贡献毛益、增加利润。另外提醒大家，在调整品种结构的时候，固定成本不会改变，所以我们在分析时可以不去考虑固定成本，而是将重点放在贡献毛益上。

超市货架上，同一品类食品选择范围也很广，配料表中写着五花八门的添加剂、繁杂的专业术语，让人头大。看不懂配料表怎么办？选价格贵的就对了吗？要想知道利润与品种结构的关联，我们先来看看调和油的案例。

本讲关键词：品种结构、综合贡献毛益率

你还会买调和油吗

我们的一日三餐少不了食用油。食用油种类繁多，有大豆油、菜籽油、玉米油等精炼纯油，即单品种食用油，此外还有调和油。调和油是根据使用需要，将两种以上经精炼的油脂（香味油除外）按比例调配制成的食用油。一般以精炼大豆油、菜籽油、花生油、葵花籽油、棉籽油等为主要原料，经脱酸、脱色、脱臭后调和而成。

调和油早期是由金龙鱼根据饱和脂肪酸、单不饱和脂肪酸和脂肪酸之间的比例，将多种植物油调兑而成的。记得金龙鱼调和油的广告词"1：1：1"吗？这个比例符合人体对各种脂肪酸的需求，并且调和油的价格往往低于单品种精炼油，所以其一经推出，就很受市场欢迎。各个品牌厂商竞相模仿，纷纷推出自己的调和油。截至 2022 年年末，调和油整体销量已占据国内食用油市场第二位。

2012 年 8 月 23 日，中储粮油脂有限公司旗下的金鼎品牌正式公布新推出的食用调和油配方，配方主要成分包括：大豆油、菜籽油、花生油、玉米油、葵花籽油、芝麻油、橄榄油、茶叶籽油八类，配比分别为 47.50%、41.40%、6.00%、2.50%、1.00%、0.40%、0.60%、0.60%。这是我国首个委托权威机构监制并公布的食用调和油配方。同时，该公司还曝光了行业"潜规则"：市场上大部分的调和油都是打着好油脂的幌子，实际掺杂了低价油脂的。

这不，实例来了。

2018 年,《每周质量报告》记者通过长达半年多的深入调查，发现批发市场销售的调和油包装精美、种类繁多。销售人员说橄榄调和油很好卖。记者注意到，这些橄榄调和油虽然来自不同厂家，但是大多产品包装上标称的"特级初榨橄榄"和"橄榄原香"等字号很大，而作为产品属性的"食用调和油"的字号却很小，并且颜色较浅。如果不仔细分辨，大多数人还以为这些产品就是纯正的橄榄油。深入食用油加工企业后，记者发现，初榨橄榄调和油的配料表中做了详细标示：玉米油含量 95%，橄榄油含量 5%。不过记者通过比对单品油国际市场价格，匡算了成本后提出质疑：厂家难道在亏本销售？厂家最后承认，他们不会做亏本买卖，而是在配料上动了一些手脚，添加了大量价格低廉的大豆油。厂家偷工减料，做虚假标示，消费者则出高价买了低质油。

这个问题是怎么被发现的呢？其实只要利用多品种的本量利分析工具，再根据配方比，我们就可以大致推算出每升调和油的成本，进而判断该产品是否存在"暴利"，企业定价是否合理了。

打个比方吧。现有两款单品种的精炼油：大豆油和棉籽油。

同样是 5 升装的一桶油，售价分别为大豆油 100 元一桶，棉籽油 50 元一桶，两种油品正常的贡献毛益率都是 10 %。那么，当上述油料各卖出 1 桶时，企业收入为 150 元，企业的成本是 135 元（大豆油 90 元，100×90%；棉籽油 45 元，50×90%），企业赚得 15 元（大豆油赚 10 元，棉籽油赚 5 元）。也可以直接按贡献毛益率计算，大豆油赚 10 元（100×10%），棉籽油赚 5 元（50×10%），合计赚 15 元。

如果将二者混合为调和油，那么正常价格是多少？

我们需要拿到配方比。如果大豆油和棉籽油的含量各为 50%，即配方比为 1∶1，那么一桶调和油料的价格应该是 75（100×0.5+50×0.5）元。一桶大豆油和一桶棉籽油，可以配成两桶调和油，合计收入还是 150 元，成本还是 135 元，企业的贡献毛益仍是 15 元，贡献毛益率也是 10%。

买家不如卖家精，企业通过改变品种结构来赚钱

企业不乐意了：调和后的成品怎么只卖 75 元呢？不如价格定高一点，按 80 元 / 桶卖出。但这样消费者会买账吗？会！这时候消费者购买的叫大豆调和油，消费者可能只注意到了"大豆"两个字，它比单品种的（纯）大豆油便宜！如果消费者买单，企业每桶就多赚了 5 元。当然，企业可以将涨价解释为调和的过程中存在加工成本及可能的损耗。

　　不过，常言说"买家不如卖家精"。企业调高的价格肯定要高于增加的成本。那么如果价格不变，加工后产生的两桶调和油还是卖150元，是不是商家就没有赚头了呢？

　　如果改变油料配方，将棉籽油的比例提高到60%，大豆油的比例降到40%，那么由新配方比制成的调和油实际成本是63（大豆油90×40%+ 棉籽油45×60%）元／桶，若企业仍按原配方比的应有价格75元／桶卖出，则每桶的贡献毛益是12元（75-63），两桶油总的贡献毛益变成24元，而收入还是150（75×2）元，贡献毛益率提高到16%（24/150×100%），这个比率叫作综合贡献毛益率（见图3-1）。

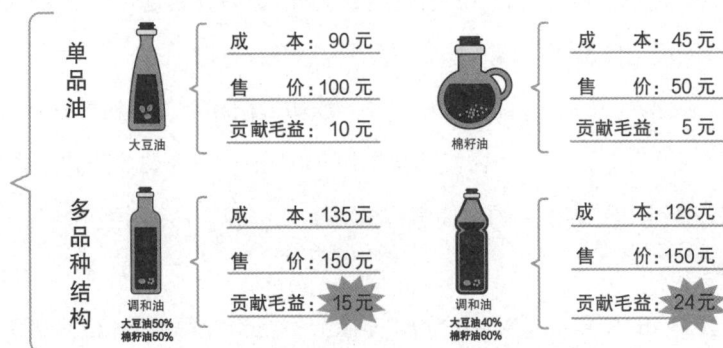

图 3-1　不同品种结构下的成本与利润对比

　　你懂得商家的生意经了吗？通过调整品种的配比，增加低价油比重，降低高价油比重，可以改变原材料成本。虽然收入相同，但贡献毛益会提高，从而使得产品的综合贡献毛益率提高，企业的盈利水平也会随之提高。

　　配方比是如何影响利润的？让我们来从会计学角度做一下分析与总结。

配方比是如何影响利润的

　　通过上述分析，相信你已经有了一些体会。两种单品油在调和油中的比例，就是品种结构。增加低价油（低成本）比重，降低高价油（高成本）比重，可以降低综合成本。企业把完成的调和油按接近高价油的价格出售，就可以提高综合贡献毛益率，从而提高利润。《每周质量报告》的记者就是通过单品油油价和配方比推算出成本，从而发现厂家的"猫腻"的。

　　记者在暗访过程中，发现了一款橄榄调和油，配料表标示：玉米油含量为 95%，橄榄油含量为 5%。这种净含量 5 升装的橄榄调和油在市场上的每桶零售价为七八十元，然而出厂价只有32 元。

　　当时橄榄油每吨售价为 4 万余元，玉米油每吨售价约 7000元，按照密度算，一升油约有 910 克，考虑分装时的成本损耗，估算每升橄榄油单价在 40 元左右，每升玉米油单价在 6.5 元左右。根据配方表可以换算出，这种 5 升装的调和油中，每桶油标称添加橄榄油 5%（0.25 升）成本在 10（0.25×40）元左右；每桶油标称添加玉米油 95%（4.75 升），成本在 30（4.75×6.5）

元左右。合计每桶油的原料成本为 40 元左右。

成本 40 元的油出厂价只卖 32 元，不算包装和加工费用，每卖出一桶油厂家就得亏 8 元。谁会做这亏本买卖呢？其中必有诈。

果然，在记者进一步调查下，厂家最终承认，橄榄油很贵，实际的添加量只占 2% ~ 4%，能检测到该成分的存在就行了。有的厂家甚至用廉价的转基因大豆油替换了玉米油，但仍以玉米油的名义对外出售。看吧，商家利用品种结构虚标获利。而记者通过品种结构测算综合成本的原理发现了疑点。

市场上目前存在各种各样的调和油，消费者千万别被调和油前面的花生、茶籽、深海鱼油等加大加粗的字词晃花了眼，别被一些概念套住，自以为占了便宜。要学会看成分、看配方，既要看大字，也要看小字。

应用本讲学习到的品种结构，你可以很容易识别调和油是否为真材实料。通过简单的配方比，就可以发现调配产品的定价逻辑和利润逻辑；并且要学会举一反三，了解社会经济生活中的种种现象。如国家通过产业结构调整，加大高端产业投入，淘汰低端产业，从而促进经济高质量发展；企业通过产品升级换代，增加高端业务比重，减少低端业务比重，实现利润高质量增长……

总结一下，在存在多个品种的情况下，其他因素不变，通过调整品种结构，提高高贡献毛益产品的比例，降低低贡献毛益产品的比例，可以提高综合贡献毛益，增加企业整体利润。

> 思考题：除了调和油，市面上有许多产品都是配方的，例如配方奶粉、蛋白粉和添加胶原蛋白的化妆品。了解品种结构的影响后，你会挑配方产品了吗？

小结

利润与品种结构有很大关系

- 利用多品种的本量利分析工具，可以推算成本，判断定价是否合理。

商家改变品种结构可盈利

- 商家通过调整品种的配比，可以降低成本，提高利润。
- 了解品种结构的影响，有助于你理性挑选配方产品。

第四讲 ┃ 无处不在的费用分摊

假如你和几个朋友合租一套公寓。每月你们需要支付整个公寓的房租及共同费用，如水电费、网络费等。为了公平起见，你们决定按照每个人使用的空间面积来分摊这些费用。

类似的，企业也有一定的共同费用，如办公室租金、设备折旧、行政人员工资等，会按照一定的分摊方法分摊到不同的部门或项目中。本讲要带你学习共同费用和成本分配的概念，了解成本分配的基本原理和原则。学完本讲，你将会在"如何提高分配的准确性、合理性，减少冲突，促进和谐"这个问题上有所收获。

┃ **本讲关键词:** 共同费用、成本分配、分配标准、成本动因

共同费用与成本分配的定义

共同费用，即生产经营多种产品或提供多种服务时共同发生的，无法直接归属到某个成本对象的资源消耗，必须通过一定的分配方法分配到成本对象上。分配结果影响着不同产品的成本，也影响利润。第一讲谈到的间接成本，多数为共同费用，这些费用中有不少是无法直接归结到产品上的，这就需要我们采取适当的手段进行分配。

成本分配是把一项成本或一组成本分配给一个或几个成本对象的过程。在分配时，必须选择分配标准。

如果分配标准与成本对象所消耗的成本项目之间存在可观察的因果关系，就称这种分配标准为成本动因，即导致成本对象所消耗的资源发生变化的原因。例如，把农场租金按照不同作物的种植面积进行分配。由于租金根据面积来缴纳，租金（共同费用）与作物（成本对象）的种植面积（成本动因）存在着因果关系，因此这种分配也称按因果关系分配。

如果办公场所的会议室由不同项目组轮流使用，此时每个项目组占用的场地面积不一定好测算，那么简单地把租金按照项目组的个数做个算数平均，就属于按假设关系分配了。这种方式看上去粗糙，但胜在简单。

共同费用、成本分配与成本对象的关系如图 4-1 所示。

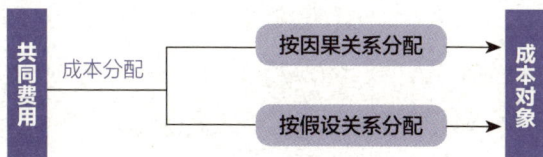

图 4-1　共同费用、成本分配与成本对象的关系

相亲的餐费是否要 AA 制

我国经人口普查发现，人口老龄化趋势已现。随着经济迅速发展，人们的工作日益繁忙，"剩男剩女"逐渐增加，相亲成为促婚的方式之一。相亲对象见面可能共同用餐。那么，餐费该由谁来付呢？传统观念认为，应该男子支付。不过也有认为，应该 AA 制（平均分担消费费用）。那么 AA 制合理吗？如何 AA 呢？我们先来看个故事。

2019 年，网络上的一段视频引起人们热议。一名女子在相亲时，带了 23 名亲朋好友。原本男方说要请女子，不承想对方带来了庞大亲友团。因人数太多，只能开两个包厢，并且男女主角各在一个包厢招呼客人。相亲交流，那是不用想了，饭局变成亲友恳谈会。男子提前离席，到前台一问，居然花了 19 800 元。再看账单，原来女子所在包厢的亲友们点了不少高档菜品，还有人打包了高档烟酒。男子感觉被利用了，断然离去。女子及亲友不以为意，直到酒足饭饱拿上打包烟酒准备离去时，被服务员拦下，才发现账款未付，且已无法联系上男子。女子只好自掏腰包买单。事后女子设法联系上男子，协商费用分摊问题。女子表示，是亲友起哄要来把关，不知道会花那么多；本来说好男子请客，为表示歉意，愿意 AA 制，双方各付一半。男子表示，只愿意承担自己所在包间两桌的费用，4398元，其他费用一概不负责，并立即转账。女子一看，自己一个人，一次相亲，平白要付出 15 402 元，也不甘心。只能在家族群提出：费用超出其个人承受范围，要求参加者 AA 制。这下家族群里炸开了。有的说，我们什么也没有拿，饭也没吃几口；有的说，我不吸烟不喝酒，你知道的呀。最后在骂声中，一些亲友还是把平摊了的饭钱转给了女子。

相亲的餐费该如何分摊才合理呢？

我们从会计角度加以分析。首先，相亲，目的在于交往双方沟通交流增进了解。为此，男子表示愿意承担餐费，但也只是男子自身和女子二人的餐费。女子携带的 23 人，非男子实际邀约对象，属于女子邀约对象，且由于情况有变，双方交流目的并未达到。这个资源消耗未实现男子的计划目的，男子不愿意支付，合情合理。其次，餐费改为分摊，共同费用应如何分配呢？女子原来提议的 AA 制，是按双方当事人各付一半来说的，每人 9900 元，属于按假设关系的分配，虽然简单，但是这个方案没有考虑双方资源消耗的差异。女方合计有 24 人，男方仅 1 人，其消耗的食品，就简单计算，绝不是 1∶1，至少也是 24∶1。不过男子尚有绅士风度，履行请客承诺，其理解的 AA 制，就是负担自己所在的那一个包间的费用 4398 元。

本来在聚餐时开了两个包间，按简单 AA 制来说，一人承担一个包间的费用，不就是总费用除以一半吗？男子承担一个包间费用，也就该付一半费用了。但是问题在于，两个包间的消费不一样，如果简单除以 2，那么还是不公平。女子所在包间消费高还有人打包高档烟酒，当两个成本对象消耗资源不同时，简单的假设关系分配则容易导致不公平现象。此时，需要将费用按成本对象分别来归集。男子所在包间为 4398 元，女子所在包间为 15 402 元，此时的分配方式，其实是根据两个包间的实际消费来进行成本分配的。

再进一步分析，具体到每个人应分摊多少，男子所在包间为 2 桌 12 人，那么人均消费是 366.5 元，男子其实是可以坚持只付原来约定的两个人的费用的，不过他最终还是承担了一个包间的费用。女子所在包间 13 人，消费 15 402 元，人均消耗 1184 元，女子实际承担数额超过了其原来预计的 9900 元。所以，女子觉得超过承受能力，要求出席的亲友承担。从资源与资源消耗者的内在关系上看，她可以向该包间的其他 12 个人索要，即将包间消费 15 402 元平均分配到实际参与消费的 13 人身上。不过，由于全部 23 个亲友都是她带过去的，因此她也可以以总费用（15 402 元）除以 24 人的方式来进行分摊。

从亲友的反应可以看出，他们对平分还是不满的，毕竟不是所有人都大吃大喝、喝酒拿烟了，烟酒价格更为昂贵。所以，还有一种可能的分摊方式，是根据消费小票上记录，将烟酒消费单算，由打包了的亲友来支付（例如 4000 元），剩余的 11 402 元再做平均。按照 24 人平摊的话，人均约 475 元。这样，多拿、多要高档烟酒的人多负担，体现了谁受益谁负担的原则。这样实际操作下来估计难度不小。如果一开始女子没有带上这么多人，或者她在其所在包间亲友疯狂点菜、打包烟酒的时候能够阻止，那么估计也就没有后续的分摊纠纷了。

总结一下，成本的耗费是出于一定目的的资源消耗。对于共同成本的分配，简单的方式为按人头或简单数量分配，但如果成本对象在消耗资源方面存在差异，则需要更准确的分配方式，按照谁受益谁负担原则，我们可以将费用先做进一步细分，然后再根据不同成本对象消耗费用的内在逻辑（因果关系）进行分配。

车主诉出售交强险的企业背后的共同费用之争

成本分配很重要，如果分配不当，不仅影响各个产品的最终成本和盈利性，也会影响价格的制定、业绩的计量以及奖金的分配。价格的高低，直接影响顾客的利益，会为顾客所关注。

业绩的计量是企业内部的，反而不容易引起关注，但是对于上市公司而言，高管的奖金是公开信息。一旦二者产生交叉，那么影响重大。且看车主起诉平安交强险风波[①]。

> 2008 年，中国平安保险（集团）股份公司（2318.HK，601318.SH，以下简称"平安"）公布年报显示，平安有 3 名董事及高管 2007 年的税前薪酬均超过了 4000 万元，其中董事长马明哲税前报酬为 6616.1 万元，折合每天收入 18.12 万元。
>
> 3 月 17 日，1055 位车主委托律师向保监会递交《关于对中国平安高管千万薪酬进行调查的请求》，质疑交强险是否"不合理"分摊了保险公司的经营成本（含高管层的高收入及其他人力成本），并请求保监会对平安高管的千万元年薪进行调查，向投保人澄清平安高管薪酬从交强险中分摊的数据，去掉不合理分摊的费用。
>
> 车主挑战保险公司的理由是什么？按照律师的说法，"交强险过多分摊了保险公司的经营成本，而非用于对受害人的赔偿，不仅使投保人投入过高的保费却没有获得应得的保护，也使交强险的强制性收费完全服务于保险公司的人员工资福利等其他经营费用"。

---

① 谈佳隆，许浩. 平安高管高薪卷入"交强险风波"[J]. 金融博览，2008（05）：17.

平安对此表示"根据相关信息披露准则的要求，平安年报未对具体险种的保费收入和赔付情况作出具体披露"，并称"保费分摊是合理的，将所谓交强险经营与平安高管薪酬做牵强的联系，是不符合实际的"。

律师找会计依据算了算账：平安公司于 2007 年公布的交强险专题年度报告（2006 年 7 月 1 日至 2007 年 6 月 30 日）显示，其保费收入 49.15 亿元，已决赔款 4.4 亿元，经营费用 12.87 亿元，其中分摊人力成本及其他费用 5.85 亿元。

"赔给受害人 1 元钱，保险公司就要花 3.2 元，天下有这样的合理性吗？"

"我们没有质疑平安高管年薪超过千万与交强险有因果关系，也没有说他们的薪水全部出自交强险。我们只是想知道，高管的年薪在交强险中分摊了多少？分摊的比例如何？分摊的理由如何？"

交强险分摊的成本过高，如果是不合理的分摊，必然使交强险保费受到侵占，使其他业务的成本减少、利润增加。交强险具有公益性，不能参与利润分配，但是通过转移成本，企业可使交强险保费"化身"为利润。

上述报道提及的交强险是相对于商业险而言的，前者是国家规定的强制性公益性保险，实行全国统一的保险条款和基础费率，保监会按照交强险业务总体上"不盈利不亏损"的原则审批费率，不应该有利润特别是暴利的存在。实际上，交强险推出后一直受到存在暴利的质疑。

2007年下半年，保监会召开交强险费率调整听证会，最终要求保险行业提高交强险责任限额，降低费率，这是上述案例的发生背景。这个新闻报道中充满了财务数据，如收入、经营费用、人力成本、共同费用分配等。让我们从专业角度做下分析吧。首先，律师代表车主提了那么多问题，用会计术语应怎么进行翻译？

（1）保险公司的共同费用是如何分配的？合理吗？

（2）不同险种的损益计算是否准确？

（3）顾客支付的价值是否被用在增值作业上？

按照平安年报解释：**共同费用**是指不是专业经营交强险发生的，不能全部归属于交强险的费用，其分配方法已经向保监会备案。其年报披露，共同费用为人力成本和资产占用费。那么我们需要进一步分析，人员是哪些人，为哪些业务提供服务，资产是什么样的资产等。从一般经验看，这部分人员应当属于管理人员，而资产则是公司的经营活动场所。这些费用通常是为了生产经营管理的共同需要而发生的，无法直接归属到具体的业务上，因此属于共同费用。

为什么要关心共同费用的分配？因为保险公司除了交强险还有商业险，如果分配到交强险上的共同费用多了，那么分配到商业险上的费用就会减少。结果，交强险看上去不赚钱（符合公益性要求），利润就都被转移到商业险上了。而只要交强险保持不赚钱，监管部门就不会要求调低费率。所以车主们关心不同险种的损益。

如果费率偏高，由于交强险的强制性，车主们就需要被强制花费更多的支出。这些支出却没有换来更好的保险保障（即保险公司的理赔支出），而可能更多用于抬高了给保险公司高管的工资（即保险公司的经营成本）。所以共同费用的分配很重要，律师确实抓住了问题的重点。

实际情况如何，不得而知。

企业对分配方法不做披露，将商业行为与政府强制的公益行为置于同一商业企业管理之下，对商业行为可以以商业机密为由，拒绝透露共同费用构成和分配，可是对公益行为也可以如此吗？

总结一下，当企业经营多种产品时，共同费用能否以公平合理的方式进行分配，影响不同产品的盈利能力。顾客的钱花在增值作业上，顾客愿意支付；若是花在非增值作业上，则顾客的支付意愿将受到影响。对于公益性产品，费用分配是否合理广受公众关注，企业对此应更为慎重。

低层住户该交电梯费用吗

很多小区由物业统一管理公共区域，公共设施的维护管理将产生共同费用。小区公共区域绿化物养护、园林水池喷泉、值班室、保安亭等用水用电，其费用均由物业管理综合服务费列支，不向住户分摊。不过，住户需要交纳物业费，物业费作为收入来弥补这些支出。如果是住宅大楼内的走廊、楼梯，公共设施的公用水、电费用，则由本楼住户合理分摊。

如果是装了电梯的高层住宅，产生的电梯费通常按建筑面积合理分摊。具体到不同楼层的住户，电梯费用有三种分摊方式：一是物业公司采取统一标准收费，一楼业主用不用都要交。"我们家住一楼，一万年也不用电梯，干吗要交电梯费？"这是不少一层住户的疑问。有的住户以此为理由，拒绝交纳物业费，被物业公司告上法庭。法院通常以电梯属于公共设施，其设立的目的在于服务全体业主，其费用理应由全体业主共同负担为由判决住户应该承担费用。二是按楼层不同实行差别化对待，要么按楼层划段交费，比如1至10楼为一档，11至20楼为一档，21楼及以上为一档；要么按不同楼层交费，费用逐层提高。三是根据"谁使用谁付费"的公平原则，一楼业主不交电梯费。

这个问题从会计角度如何看？电梯费用是由运行公共设施产生的，不能具体归属到每一个住户，因此属于共同费用。电梯费用的分摊，其实就是共同费用的分配问题。

怎么分配才合理呢？

首先涉及费用的范围。这个费用不是整个小区的共同电梯费用，而是具体细化到每栋楼的电梯运行费用，这样就使费用的发生和费用的承担对象（成本对象）的关系有直接关联性了。按照谁受益谁负担原则，就需要归集每栋楼的电梯运行费用，再由该楼的住户来分摊（分配）。

用什么样的**标准**来分配？也就是什么**成本动因**合适？这就需要找到费用消耗和受益对象之间的**因果关系**。住户从安装电梯中得到最直接的好处，就是利用电梯抵达住家了。从这点看，楼层高的用得多，那楼层低的用得少。所以，一楼住户少交甚至不交也有合理性。

不过，电梯的作用不仅仅是用来上楼的。加装电梯的住宅，其出售价格比未加装电梯的住宅高，一楼的住户也从中受益了。从这点看，低层业主完全不交电梯费是不合理的。更何况，法律规定共同设施的费用是由全体业主共同承担的。

当然也有事先做专门约定的做法。住建部2023年印发文件，要求扎实推进城镇老旧小区的改造工作，其中就包括解决老旧小区加装电梯难的问题。其中包括引导居民共同商定包含资金分担在内的方案。在老旧小区加装电梯之时，由于加装需要取得全体（或者三分之二以上）业主的同意，为了争取大家支持，在电梯加装费用和运行费用上，业主在达成协议时，高层业主通常会做出让步，承担较高费用，从而减少低层业主的额外负担。毕竟在电梯的使用上，高层业主的受益高于低层业主，这一定程度上就兼顾了因果关系和便利性两个方面因素。

　　总结一下，在共同费用的分配过程中，要考虑共同费用的归集范围，尽量使共同费用和成本对象之间建立直接联系。在共同费用的分摊标准上，可以简单用统一标准分配，但准确分配需要考虑因果关系以体现公平合理，分摊方可经协商达成一致意见。

共同费用分摊的技术和艺术

　　要使共同费用的分配合理，因果关系很重要。选择要考虑共同费用的构成和成本对象消耗该费用的差异性，可以采用单一标准，但是，要提高准确性，可能需要采用多种标准，区分多种费用细项来做分配。

　　相亲费用如何分摊合理呢？按照人头把全部费用分配到每个人身上，实现全体 AA 制度，简单方便；不过呢，多拿多要、打包烟酒占便宜的人得了好处，不公平。按照相亲男女各半分配，同样简单，如果亲友团没有那么多，双方消费差异不大的话，这种分配一般也能被接受。实际上，相亲中的男子若对女子有意，也可能承担全部的费用，此时的分配，其实是假设关系分配，简单，但充满人际交往艺术。

　　保险公司的共同费用如何分配合理呢？理想方式是找到基

于因果关系的成本动因，例如找出来管理人员为交强险和商业险分别提供了多少管理服务，可以按提供服务的管理人员数量、提供服务的时长等来分配。资产占用费也是同理，最好能找出交强险和商业险分别占用了多少资产的计量单位，比如，两险种分别占据着不同的办公场地，那么占用场地面积可能就是一个比较好的成本动因。要按找到具有因果关系动因的方式进行分配，需要追加信息处理成本，比如说，要分别登记服务时间、占用面积等。保险公司的报表未说明具体分配方法，从年报上把交强险和其他商业险的收入、共同费用等做对比分析，基本上可以推断其共同费用是按照保费收入的比例来分配的，这属于按假设分配关系来分配。

　　这种分配是否合理，要从共同费用的构成、所消耗资源的产出，以及交强险和其他商业险的经营活动是否存在显著差异来判断。

　　交强险存在强制性，因此保险公司在交强险业务上所做营销工作的努力程度和资源投入，可能不像商业险那么多。如果两类保险在资源消耗上差异比较大，采用单一分配标准来分配共同费用，可能出现分配不当导致利润扭曲的情况，也就难怪车主要质疑了。至于如何选择合理方式从而简化分配且取信于消费者，那就是一个应兼顾技术与艺术的问题了。

　　而对生活中的共同费用，技术与艺术可能都要考虑。特别是在遇到加装电梯这种未在入住前事先约定的事项时，协商时合情与合理都要兼顾。高层向低层适当让步，是促进协商成功的关键。至于让步多少，则取决于谈判艺术了。

总结一下，共同费用要合理分配，关键是找到费用与分配对象之间的因果关系，即成本对象消耗费用多少的依据。为了准备分配，可能需要对费用做细分并采用多种标准进行分配。但是在实际操作中，我们要考虑多种分配的信息处理成本，还要考虑分配方式对人的行为的影响，二者兼顾。

> 思考题：家住农村的王大妈有两个儿子，大儿子在城里工作收入高；小儿子与自己同村相邻居住，收入低。王大妈要求城里的大儿子多出赡养费，农村的小儿子不出或者少出，这样合理吗？

小结

共同费用的分配标准

- 间接成本多数是共同费用。
- 成本分配可以按照因果关系或假设关系分配。
- 当各方对共同成本的消耗存在差异时，可按照谁受益谁负担的原则再细分。

共同费用学问多

- 成本分配影响产品盈利状况，甚至奖金分配结果。

- 简单平均分配可能不够合理，容易造成利润扭曲。

- 为体现公平合理，共同费用的分配也可以协商解决。

- 成本分配需要考虑因果关系。

第二篇

定价决策分析：找到迷宫的出口

想象一下，你置身于一个错综复杂的迷宫中。每个迷宫的通道都代表着不同的定价决策选项，而迷宫的出口指示着成功的方向。你需要根据可用的信息和数据以及对市场和竞争环境的理解，做出决策，找到通向成功的路径。管理会计学中的定价决策分析就像一场迷宫挑战，你需要运用分析和决策能力，通过各种选择和调整，找到通向成功的最佳路径。

　　对一家企业而言，管理的重心在经营，经营的重心在决策。在市场经济中，价格是一个很重要的信号，引导生产者和消费者做出数量和质量的选择，实现资源最佳配置。于生产者而言，产品只有按一定价格销售出去才能实现价值；于消费者而言，商品的价格影响着生活的成本。我们先从定价决策讲起。

第五讲 ｜ 定价因素：论"榴梿自由"的可能

知名的艺术家如何为自己的作品定价？他既要考虑自己的创作成本，又要考量作品的品质、独特性和市场需求等。同样，企业的定价策略需要考虑生产成本、市场需求、竞争对手的定价、产品的独特性和品质等因素。

本讲要讲述完全自由竞争市场及生产者的定价决策，带你了解影响价格的因素，然后再利用这些因素帮第一讲里的农民想想出路，摆脱亏本状况，走上致富道路。当然，利用这一讲的知识，你可以对不同行业企业的市场地位做出分析，领悟现实世界的各种定价逻辑，做出适当的定价或生产经营决策。

本讲关键词： 完全自由竞争市场、供求关系、需求弹性、关税、价格接受者、边际收入、边际成本、经济定价模型

价格接受者增加产量能增加利润吗

市场有好几种形式，包括完全自由竞争市场、垄断竞争市场等。

完全自由竞争市场，是不受任何阻碍和干扰的市场。市场中存在许多同质的商品，有很多卖者也有很多买者。没有一个卖者或买者能够控制价格，买卖双方进入市场很容易，市场上的资源也可以随时从一个使用者转移给另一个使用者。

在完全自由竞争市场里，当供求平衡时，市场价格形成。

个别生产者成为**价格接受者**，无法影响产品的市场价格，只能接受市场价格。水果，不论其品类、来源，基本上处于自由竞争的市场中，供求关系的变化是其市场价格的主要影响因素。在无法选择价格的情况下，为了实现利润的最大化，生产者可以通过调整产量并控制成本来实现目标。

如第一讲提到的菜农，由于萝卜价格比上年降低许多，他亏本了。有的人可能会问，既然如此，那么把价格提高不就好了吗？可是，农产品市场基本上是完全自由竞争市场，菜农没有办法决定市场价格，有心无力。

面对不确定的市场价格，农民该如何经营好自己的一亩三分地呢？很多朴实的农民一心想增加产量，特别是当某个农作物赶上了好行情的时候。简单的逻辑就是产量增加，总收入增加，利润增加。但是现实状况是，个体农民盲目跟风，农作物市场价格越高，就越扩大种植面积；价格下跌则减少种植面积，使产品供求关系出现周期性循环波动。最终他们多收了三五斗作物，反倒赔钱了。

在第二讲中我们看到，销量增加，利润不一定增加，因为销量增加，收入不一定增加。此外，销量增加时，成本可能会增加，当增量成本超过了增量收入时，利润会下降。增加收入并不必然等于增加利润，增加产量也并不必然等于增加收入。控制好成本，让自己的边际成本等于市场价格[①]，此时产量才是最佳的。

边际收入，是每增加一个产（销）量时的增量收入。边际成本，是每增加一个产（销）量时的增量成本。当边际收入大于边际成本时，增加产（销）量带来增量利润。当边际收入小于边际成本时，增加产（销）量导致利润下降。当边际收入等于边际成本时，生产者利润最大，此时的产（销）量是其最优产（销）量。

边际收入与边际成本的关系如图 5-1 所示。

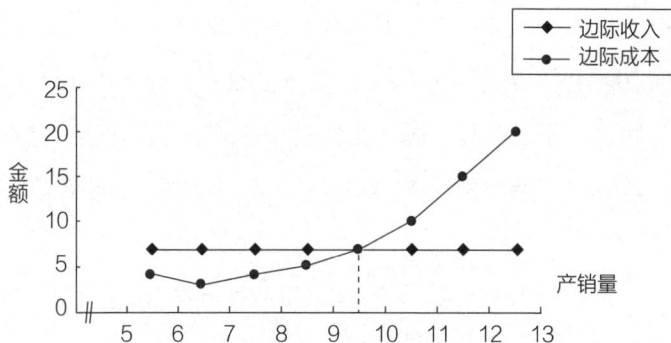

图 5-1　边际收入与边际成本的关系

---

① 此时，价格由市场决定，个别生产者的边际收入等于市场价格。

这种定价决策方法，也被称为**经济定价模型**。

其本质不是确定价格，而是确定最优产（销）量。

想实现盈利，菜农就只能通过调整产（销）量和控制成本，具体该怎么做呢？我们先了解价格的影响因素，再来帮菜农想办法。

水果为什么越来越贵

价格是由多种因素决定的，包括：供求关系、原料价格、对供应商的依赖、消费者需求弹性、贸易政策、关税等，其中最核心的是供求关系。在完全自由竞争市场中，当供大于求时，价格下降；当供不应求时，价格上升。

2019 年，水果价格涨幅惊人。6 月，富士苹果的价格为 13.02 元 / 公斤，而上年 6 月的价格为 6.32 元 / 公斤，同比涨幅为 106.01%。鸭梨的价格为 9.32 元 / 公斤，而上年 6 月的价格仅为 3.50 元 / 公斤，同比涨幅达 166.3%。人们不由得惊呼"小苹果变成了金苹果""鸭梨山大"。人们何时能够实现"水果自由"？

价格是如何决定的？为什么水果价格会涨得这么厉害？我们来逐一分析下影响水果定价的因素。

供求关系因素。很多处于自由竞争状况下的产品的价格，是由供求关系决定的。从会计角度看，农产品的价格是随行就市的，产量下降意味着市场的**供给不足**，那么物以稀为贵，价格自然就会上涨。水果也好，蔬菜也罢，都是农作物，农业生产在一定程度上仍是"靠天吃饭"的。2018年，苹果在开花期遭遇冰雹、寒流，坐果率大大降低，自然来年的产量下降了。2019年5月，苹果主产区再遇冰雹，苹果的产量次年回升无望。再看鸭梨，正值采摘期，其生产地区却大面积遭受雷雨、大风天气，各细分产区的鸭梨产量均受到不同程度的打击。

种植成本因素。水果从田间到超市需要经历许多环节。果农种果树的成本主要有：果苗费、肥料农药、人工费、租金等，水果品种不同，所产生的成本也不同。经销商从田间收购、加工、分选、冷藏，需要耗费人力、水电、场租成本，还有运输成本，进入市场需要支付进场费、管理费用等。同时，如果农民普遍扩大种植面积，会加大对原料的需求，进一步推动原料价格上涨。在总体物价上涨的情况下，这些原料和成本都会上涨，推动价格上涨。如果价格不够高，供应链上就会有人亏损、退出，加剧供给不足的状况。

贸易政策与关税因素。一地的供给不足，会引发其他地方产品的流入。在全球化的今天，这种现象更是普遍。当本国的苹果供应不足时，就需要进口。美国调整对中国的贸易政策，苹果关税从10%涨到50%，进口减少了。不过从美国进口的苹果虽然减少了，但中国海关统计的2018年苹果进口总额反而增长了，这是因为选择了从其他国家进口来替代。韩国三面环海，可耕种土地有限，本地农产品有限，价格很高。为了保护本国农民，韩国政府对进口农产品一贯征收高关税。在 2016 年，韩国白菜价格疯涨，韩国政府暂时取消了对白菜征收的进口关税，从中国进口大量白菜，才得以平抑价格。可见，关税可以起到调整供给从而调整价格的作用。

投机因素。苹果可以冷冻存储。其收获季节一般在每年的 10 月份左右，在新苹果成熟之前，市场上销售的大多是上一年收获后存到冷库里的苹果。部分投机型贸易商在价格便宜时大量收购囤货，导致产地货源紧张，市场供应不足，价格一路飙升。一旦囤积过多，来年新果大量上市，价格又可能突然下跌，导致滞销、亏本。"靠存储的几种水果价格确实涨得比较厉害"，不过，农民大多享受不到这一好处，因为他们缺乏大量存储所需要的空间和资金。当然，并非所有水果都可以通过囤货调节供应量。吹弹可破的葡萄，一日色变的荔枝，都不易存储运输，产地可能短期内大量上市这些水果，加大供过于求矛盾，使价格急剧下降。

需求弹性因素。随着人们生活水平的上升，水果已然成为刚需，需求弹性小。中国营养协会号召公众餐餐有蔬菜、天天有水果。我国是苹果生产大国和消费大国，苹果是水果价格的标杆。苹果涨价，引领了其他水果的涨价。

"水果之王"榴梿降价了吗

"水果之王"榴梿块头大，混身长满硬刺，很有辨识度。其所带来的嗅觉冲击，更让人难忘：喜爱者赞其香，厌弃者恶其臭。榴梿主要产自东南亚，在我国市场上，需要靠进口才能觅得芳踪。相比于苹果、桃子等本土水果，榴梿的价格很高。一斤三四十元，一整个榴梿少则三五斤，多则六七斤，买一个就要百元起步，打开后，可食果肉也就不到一斤。按可食用部分来算，算得上天价了。榴梿为什么这么贵呢？

首先，种植成本高。榴梿主要生产在马来西亚、印度尼西亚等东南亚国家，生产周期长，产量低。在榴梿小苗种下后，最快也要第五年才会开花结果，第八年才能丰产。

其次，采摘和运输成本高。我国市场上榴梿主要从泰国进口。从产地到市场，首先需要在未熟时采摘，而不是等到自然熟。采摘需要选择成熟度合适的果实，并且有点难度。产区远离市场，保鲜冷藏的长途运输，成本也必然不小。

最后，需求弹性小，价格敏感度低。榴梿风味独特，其营养丰富，每100克果肉里就含有2.6克蛋白质。对于有此好者，没有完全替代的产品，因此其价格敏感度较低。即使榴梿价格较高，也不会对其消费量产生太大影响，这也减少了降价的压力。

这么一来，榴梿自然经常处于高端水果之列了。不过，进入2023年6月，消费者发现，榴梿降价明显，北京部分批发市场的榴梿价格比 5 月底时下降了约 40%；在部分电商平台上，个头稍小的榴梿，不到百元就能拿下一个。是什么原因造成这种现象的呢？

首先，榴梿受产区气候影响，在不同季节产量会发生较大变化，旺产季价格会有所下降，在淡季价格会大幅上涨，这也是价格变化的重要原因之一。春节前后价格居高；此后，3 ~ 4 月，应季水果上市，进口水果的价格呈现下降趋势。另外，6 月是泰国南部和越南榴梿集中采摘上市期，供求关系发生变化，供应量加大也会导致价格明显回落。其次，渠道和运输方式的变化，也引起了榴梿定价体系的变化。"中老水果"班列的开通，使榴梿经销商可以直接通过直播平台从老挝、泰国等原产地水果商那里订货，再通过便捷的物流让货物直抵消费者手中，没有中间商赚差价，榴梿价格自然也就下降了。

未来，随着国产榴梿培育成功，产量有望增加，消费者有望吃上自然熟榴莲，实现榴梿自由了。

总结一下，在完全自由竞争的市场中，诸如水果等产品的价格受到供求关系影响，价格在市场均衡时形成。不同的农产品，因种植成本、贸易和关税、投机、需求等多种因素影响，容易随行就市，产生价格波动。

价格接受者如何控制成本

在接近完全自由竞争的市场中，农民属于价格接受者，产品价格由市场决定。最优产量在边际成本等于边际收入（市场价格）时实现。盲目跟风扩大生产，容易导致供求关系周期性循环波动，加大经营风险。个体生产者通过控制成本增加利润。控制成本需要从成本动因入手，包括规模、经验、技术、质量管理、联结关系等。

第一，承包经营土地，形成连片的规模化种植。规模化种植可以提高生产效率，同时在采购种子、农药、化肥等农资材料时，需求量大可以享受更低的价格，这是规模经济带来的成本下降。

第二，提高亩产量。例如通过学习，提高种植技术、加强田间管理，提高亩产，减少虫害，减少农资和人工成本来提高利润，这是技术和质量管理带来的成本下降。

第三，加强经验积累。专注擅长的农产品的种植，积累经验，从而减少对人力资源成本的投入，降低成本，这是经验带来的成本下降。

第四，加强与终端的联结。例如农民自己送菜进城销售或者通过做电商网上卖菜，减少中间环节，减少供应链成本，当然这对农民的经营能力要求也提高了。这一系列的决策叫作进一步加工与否决策。

此外，原料的成本涨得太快，那么生产者能否向上游进军呢？比如，要不要把种子的生产也抓在自己手上？这个决策叫**自制与外购决策**，这需要技术、资金、经验等资源加持。

处于小农生产模式下的农民，土地面积有限，生产模式有限、经营管理经验不足，这些措施如果依靠个人可能难以实现。有些地方成立了合作社，借助团体力量来帮农民解决问题。有的资本也进入了该行业，以实现农业转型。还有的地方采用定单生产、锁定价格方式。有的地方办起了保险，做起了期货交易。

总结一下，价格接受者无定价权，只能接受市场价格。要想增加利润，就需要控制成本。控制成本可从成本动因入手，其中涉及规模、经验、技术、质量管理、联结关系等因素。企业应结合具体情况，选择适当的措施。

> 思考题：你还能想出哪些办法帮菜农控制成本、提高利润？

── 小结

自由竞争市场，价格不自由

- 在完全自由竞争市场下，了解个别生产者价格的影响因素和实现利润最大化的定价决策。

- 在完全自由竞争市场里，价格主要取决于供求关系。供求关系平衡时形成市场价格。市场价格还受到原料价格、对供应商的依赖、消费者需求弹性、贸易政策、关税等因素影响。
- 个别生产者为价格接受者，只能接受市场价格，但是他们可以通过调整产量，控制成本来实现利润的最大化。即边际成本等于市场价格时，产量最优，利润最大。
- 控制成本的关键在于控制成本动因，包括规模、经验、技术、质量管理、联结关系等。

第六讲 ｜ 定价策略：钻石、包子凭什么贵

上一讲介绍了价格接受者与经济定价模型，这一讲将讲述价格制定者及其定价方法。你将了解如何利用成本定价，同时学会如何成为价格制定者，掌握定价权。利用这一讲的知识，你可以帮助生产者转换思维，改变一味追求控制成本的方式，了解市场和顾客、增加投入、创造价值。

> **本讲关键词：** 垄断市场、垄断竞争市场、异质商品、价格制定者、成本加成定价法、定制产品、寿命周期成本

垄断竞争市场、价格制定者与成本加成定价

与完全自由竞争市场对应的是**垄断市场**。垄断市场上，只有一个厂商生产和销售商品；该商品没有任何接近的替代品；

其他厂商进入该行业都极为困难或不可能。垄断企业控制整个行业的供给，因此成为价格制定者。

现实生活中完全垄断企业比较少见。在完全垄断市场与完全自由竞争市场之间，还有一种市场形式：**垄断竞争市场**。在这种市场里存在着较多数目的厂商，它们彼此之间存在着较为激烈的竞争。厂商所生产的产品是有差别的，可称为"**异质商品**"。

这种差别，可以体现在价格、外观、性能、质量、构造、颜色、包装、形象、品牌、服务及商标广告等方面。这些差别能为消费者所认知，使厂商对自己独特产品的生产销售量和价格具有控制力，即其具有了一定的垄断能力。而垄断能力的大小则取决于它的产品区别于其他厂商的程度。

产品差别程度越大，垄断程度越高，厂商就越容易成为**价格制定者**，即能够自主确定产品价格者。

这种市场的厂商，可能生产非定制产品，也可能生产定制产品。通常采用的定价方法是**成本加成定价法**，即按产品的单位成本加上一定比例的加成利润，制定产品价格。

成本，是企业生产经营过程中的全部资源消耗，包括了直接成本、间接成本，也包括了变动成本和固定成本；包括了研究开发与设计成本、生产成本、营销成本甚至售后服务成本。可以说，整个寿命周期成本都应包含在内。

天然钻戒价格如何定

很多人结婚时会戴戒指，钻石戒指颇受人们喜欢。天然钻石经开采和切割后，会根据市场要求被制成不同的饰品。饰品中有的采用了珠宝品牌设计方推出的款式，但产品尺寸要根据顾客实际情况进行调整；有的则可能是根据顾客需求专门定制而成的。不管怎么样，钻石价格不菲。那么钻戒是如何定价的呢？

"钻石恒久远，一颗永流传"，相信不少人都听说过这句广告词。这是全球最大的钻石开采公司戴比尔斯于 1947 年打出的广告语。19 世纪，南非发现了大量钻石矿，戴比尔斯迅速收购矿场，从而控制全球钻石矿石的出产，其建立起销售机构，分销占世界大多数的宝石级钻坯，垄断了钻石开采市场。拿钻石行业上游的开采市场而言，除了戴比尔斯（南非），还有埃罗莎（俄罗斯）和力拓（英国），几家厂商形成寡头垄断。而到了下游，终端零售竞争加剧。在这样的市场里，企业通常采取产品成本加成定价。

钻石首饰成本主要包括以下内容。

原石的价格。天然钻石的形成历经数十亿年，在开采过程中需要消耗大量人力、物力，开采后需要分析、挑选，在加工的时候需要十分细心地进行精确切割。过度开采导致钻石储量下降，资源变得稀少。另外，如前述，原石市场基本属于垄断市场，开采商通过控制开采量来控制全球市场的原石供应量，营造出稀缺的效果。因此，原石价格居高不下。根据 4C 原则（克拉重量、切工、色泽和净度），用于制作钻戒的钻石不同，产品间的价格也会有所差异。

金属环。铂金和黄金（白色、黄色或玫瑰色）是常见的选择。铂金因其稀有和耐用性最贵，黄金（14K、18K 或 24K）次之。

设计费。设计师个人喜好不同，设计出来的款式也不同。额外的设计元素，如金银丝、雕刻和侧石，需要额外工艺和材料，导致成本增加。

加工工艺。制作钻石戒指需要加工。打版、执模、配石、镶石、打磨，每个步骤都需要技巧、精度和时间，也需要购买者付出相应的代价。

品牌与声誉。钻石在商家的营销中被用来与财富、地位、爱情联系在一起，不同品牌有着不同的品牌故事，以维持其市场的独特性。除了戴比尔斯的广告词，还有如 DR 的"男士一生仅能定制一枚"等。广告费与品牌维护费价格昂贵，最终这部分费用也多由消费者买单。

营销费用。除非富豪直接与珠宝商联系定制，一般消费者可能要到门店选取和定制珠宝。珠宝门店的日常运维费用也构成了成本。

居于垄断竞争地位的珠宝商，采用成本加成法，把这些费用加总起来，再加上珠宝行业的利润率，确定钻戒的价格。当然不同的材料和工艺选择也导致最终成品的价格差异。

包子贵不贵

天津狗不理包子凭什么贵？

包子是国人早餐的常见食品之一，在早点摊上一般几元钱就能买到，很难和"贵"字挂钩。

不过，曾有顾客在微博中展示了位于天津市和平区总店狗不理包子的售价：8 个传统精品小笼猪肉包，售价为 96 元；8 个传统精品小笼三鲜包，售价为 104 元；而最贵的精品小笼对虾青韭包和精品小笼百年酱肉包，每 8 个的售价都是 128 元。

有网友调侃说："8 个小包子要 100 元，一碟花生米 58 元，顶得上奢侈品价格了。如今的天津狗不理包子，算得上包子中的战斗机。"

这样的包子，贵不贵呢？它是**按照成本加成来定价的**。天津狗不理包子的成本都有哪些呢？天津狗不理号称天津小吃三绝之一，从包子的用料和制作工艺来看均比较讲究。

首先，天津包子薄皮大馅十八个褶。包子皮要用富强粉，发出来的面有劲，蒸完吃起来弹牙不粘牙。肉馅讲究一个肉丸没蔬菜，肉要七分瘦三分肥。调口味不用盐，要用天津本地酱油（俗称青酱）、香油和大葱末。据天津狗不理总店的杨经理介绍，这类包子的选料很是讲究，所以价格偏高。

其次，最关键的工序是，肉馅里要加入用猪棒骨熬制的高汤。

这是天津包子相对于其他北方包子最大的特点——水馅儿，每次入口时会有一股油水混合的汤汁充满口中，加上北方人喜爱的咸中略带酱味的口味，水馅儿深得大家喜爱。它的最终口味也是经过几代人摸索才形成的。

从成本构成看，天津狗不理包子的成本至少包括了精品材料、复杂人工、百年传承工艺和品牌的投入。既有生产成本，又有门店管理成本。

如此考究的用料和做工，使其成本高于其他普通包子，同时又因为产品自身口味特色，以及百年老店的品牌加持，使狗不理包子能和其他普通包子区别开来，成为市场上具有差异化特点并且能为顾客所感知和接受的产品。

狗不理包子因此在市场上占据了重要市场份额并拥有一定垄断地位，可以根据其成本定出较高的价格。

包子也可能是艺术品

在美国哈佛大学外有家 Tom's Baobao，也是包子界中知名的存在。

这家店把包子当作**艺术品**。最受欢迎的龙虾包一个 6 美元（约 40 元人民币）。这种包子同样采用成本加成定价。

价格要补偿哪些成本呢？

首先看**选材**与**工艺**。

Tom's Baobao 的创始人童启华精心选料。为了保证食材的品质，Tom's Baobao 的食材冬天会从墨西哥进口，夏天则会选择加拿大，它甚至用上了波士顿大龙虾。就重量而言，在 100g 的生包子中，60g 是皮，40g 是料，误差超过 2g，包子就废掉了。

蒸包子的蒸笼：为了让包子在熟的过程中能够受热均匀，店家专门选择了竹笼。制作竹笼的人是一个做了 60 年竹笼的福建手艺人，他的这门手艺代代相传。甚至连垫在包子与竹笼之间的龙须草垫，也是店家在对比了很多种以后才敲定的。

单单这样的前期准备工作，就花了差不多 5 年的时间……经过这样精细流程制作出来的包子，就像一个艺术品，无论是外观还是味道都足够吸引人。

其次看制作包子的人。

制作包子的人要经过 3 个月的培训并进行考核。之后，他们必须每天凌晨 3 点起床，来完成这一美食的制作。虽然培训费很高，但他们的工资水平也高于周围餐饮店的店员。他们也有个独特的称呼，叫作 Baoist（包子艺术家）。

从成本构成看，包子成本包括生产经营开始之前 5 年的研究开发设计成本、人员培训成本，以及生产过程中直接材料、直接人工成本、间接成本等。

在特定的市场（美国），中国包子本来生产者就不多，加上经营者的精心策划，包子已不再是普通包子，而成为中华饮食文化的传承、艺术匠心的载体。

无形资产的投入成本，又怎么能通过简单的包子材料和人工成本来测算呢？所以，卖出高价也是自然的了。

总结一下，在垄断市场或垄断竞争市场上，价格制定者可以根据成本加成法确定价格。成本包含直接材料、直接人工以及制造过程和经营过程的全部成本，甚至可以是整个寿命周期的成本。为了使产品差异化，经营者可能追加各种投入，这些都需要从价格中补偿。

拓宽护城河

不论是定制还是非定制，企业要想成为价格制定者，其产品或业务应具有可辨识的差异性。这种差异性需要企业的不断投入，这一过程即股神巴菲特所说的"拓宽护城河"过程。企业需要不断投入，进行品牌维护或宣传，宣传内容可以是企业的品牌力、产品特色、销售实力等，帮助企业构造持久的竞争优势。例如钻石通过品牌来维持其高端奢侈品的地位，天津狗不理包子有"百年老店"字号加持等。需要注意的是，这种维护必须是持续不断的，当影响价格的因素发生变化时，企业竞争优势也将改变。例如，钻戒价值很大一部分源自原石的垄断地位，其因稀缺性和开采成本导致价格一直很高。2019年中国科学院开发出人造钻石技术，并在河南建立生产基地，每年产量高达 400 万克拉。由于人工钻石与天然钻石的成分一致，仅从外观上来看，人们很难识别差异，而前者价格每克拉仅 270 元左右，因此很受市场追捧。2022 年，I Do 钻戒母公司恒信玺利实业股份有限公司关闭多家销售门店、总市值缩水超 97%，后申请破产重组，人们戏称是中国河南逼垮了 I Do。公司申请破产有多种原因，不过天然钻石受到人工钻石冲击，使钻石的保值功能大大下降，价格垄断难以持续也是不争的事实。

商超卖的雪糕在消费者眼里的主要功能是清凉解暑。然而，在 2022 年的夏天，"雪糕刺客"横空出世，部分售价逾 60 元 / 支，深深刺痛了消费者。工厂的说法是：成本就达到了 40 元，其中包括雪糕原材料费、水电燃气费、运输成本人工费用以及营销广告费用等，不过大多数资金用在投放广告上了。但是，"雪糕刺客"并没有在品牌专卖店里出售，而是被放进普通商超，和一般雪糕混在一起。高端雪糕其实并没有给消费者提供高价值的消费体验。因此，市场果断做出反应：高端雪糕卖不动了，10 元以下的中低端雪糕才是市场主流。而这类产品品牌种类多，竞争也比较激烈，要按照成本加成定价就不见得可行了。

总结一下，在特定的市场中，经营者通过各种方式使企业的商品差异化，与其他普通商品区分开来，并通过品牌、文化等手段将其固化，从而使消费者得以感知；经营者可以强化自己在市场的垄断地位，从而使自己成为价格制定者，可以采用成本加成定价。

生产者在研发设计、生产和经营过程中的全部有形资产和无形资产的投入，都可以体现在所定的价格里。

当生产者加大无形资产的投入，把普通品变成特殊品甚至是定制品、艺术品时，他们可以使产品衍生出无限的价值。

要想维持价格制定者的地位，经营者必须不断追加投入，保持产品差异性。

菜农如何成为价格制定者

学会了价格制定者的定价决策，我们再来帮菜农解困吧。在前一讲，我们通过控制成本来帮助菜农翻身。学了这一讲，你能否再帮菜农想想其他办法呢？我们能不能试着让菜农变身为价格制定者呢？先看看其他地区的农民是怎么做的。

日本：日本高知县马路村，一年卖出 10 000 多件农产品，柚子产品产值超过 2 亿日元。马路村以种有机柚子为主，该地区组织村民对柚子进行深加工，制造柚子果酱、柚子饮料、柚子汤料等。将单品做到极致，并主打有机产品、粉丝经济，吸引粉丝来马路村游玩，购买马路村的产品。

新加坡：新加坡克兰芝农场度假村，打造都市农村，靠体验经济打造差异化产品。人们不用付租金就能在度假村一小片土地上栽种蔬菜瓜果，售卖给度假村的访客或住客，当个无租金压力的现代农夫。

德国： 从 20 世纪 90 年代以来，政府大力发展创意农业，在林区或草原地带建立休闲农庄。它们不仅有环保功能，还有科普教育功能。家长带着孩子们来这里休闲旅游，一些公司在这里做培训。

怎么样？有思路了吗？

实际上，有些菜农早已开始行动。有的搞起了生态农场，养鸡养鸭，堆肥种菜；有的搞起有机种植，并接受城市客户的定制订单，每年供应固定重量的产品；有的则和客户联络，由客户认领菜地，保障一年的田头菜品直供，等等。还记得第一讲里提到的白领到郊区租地种菜吗？有一种全托方式就是让客户支付租金，由菜农提供固定重量的产品。有的菜农还结合数字技术，打造云栽培，在线直播吸引城市客户；有的打造共享菜园，将土地划分出种植区、采摘区、烧烤区，跨界融合，将农业和休闲旅游结合，深挖农业的增值空间。

总结一下，想要卖好农产品，思维特别重要。如果农产品品质都一样，那大多卖不出高价，生产者只是价格接受者，随行就市。但是，如果转变思维，了解顾客服务市场，使自己产品具有差异化特色，那么生产者就可能变身价格制定者，开创新局面。

> 思考题：你还能想出哪些办法帮菜农转变身份、提高价值？

─ 小结 ─

垄断竞争市场下，我的地盘我作主

- 讲述垄断竞争市场下个别生产者作为价格制定者的定价决策。

- 在垄断竞争的市场下，生产者通过使企业的产品成为异质产品，而与竞争对手区分开来，从而具有垄断地位，成为价格制定者，采用成本加成定价法。

- 当采用成本加成定价法时，成本包含了生产者研究开发与设计、生产和经营过程中的全部有形资产和无形资产的投入。

生产前如何避免亏损

- 在生产非定制产品时，生产者需要预测未来的销量，若预计销量无法实现，则存在亏损的可能性。

- 生产定制产品时，生产者的全部成本都能得到补偿。

- 追加投入，研究市场与顾客，加大产品差异化程度。若产品差异化特性能为顾客所接受，那么生产者也就有可能在定价上掌握主动权。

价格接受者与价格制定者对比如表 6-1 所示

表 6-1　价格接受者与价格制定者对比

价格接受者	价格制定者
产品同质性大	产品具有差异性、独特性
竞争激烈	竞争相对不激烈
定价方法强调市场	定价方法强调成本加成法

第七讲 ┃ 特殊定价：捡漏的底层逻辑

前两讲讲述的经济定价模型与成本加成定价法，都属于长期定价模型，企业在制定价格（正常报价）时，需要考虑的全部成本都能从未来销售收入中得到补偿，以保证简单再生产的顺利进行。但某些情况下，企业也可能基于相关成本（或边际成本）定价，此即特殊定价决策，通过本讲学习你将学会：作为生产者如何识别有利订单，不错过可进一步挖掘生产能力的机会；作为消费者如何把握机会，抄底入手好货。

本讲关键词：特殊定价、相关成本定价、相关成本、增量成本、剩余生产能力

你会捡漏吗？——相关成本定价

在经营过程中，企业常常会接到特殊订单，使得一种特殊定价的场景出现。此时，企业可能报出比正常报价低很多的价格，甚至低于其完全成本。这时候，企业采用的是**相关成本定价法**。相关成本，是与决策有关的成本。特殊订单的相关成本，即因为接受该订单而增加的支出。只要所报价格高出相关成本，企业就有利可图。先看个例子[①]。

> 小李初入职场，囊中羞涩，国庆假期没有外出。他有心去看场演唱会，上网一查，一张票价格 500 元。他没舍得出手。但是，晚饭过后，他还是没忍住，散步到了演出场地长杭体育馆。在外面绕圈时，不时有黄牛过来问他要不要票。
>
> 小李问："多少钱？"黄牛答："800 元一张。"小李扭头走了。他想，就在场馆外走走，也能听到点声音，感受点氛围吧。时间过得很快，眼看 19 点将至，检票再过半小时就要截止，刚才的黄牛忽然拉住了小李说："要不要？便宜点给你了，就 500 元。"小李苦笑，心说，我要是掏得起，早就在网上下单了，至于在这里吗？无奈只好摇头离去。又过了 20 分钟，黄牛拉住小

---

① 该案例提到了"黄牛"，即倒卖演出票行为者，此类行为情节严重可构成违法行为。本讲列举此例仅为配合讲解相关成本定价知识，现实生活中读者应对倒卖票、于非正规渠道买票等行为加以警惕。——编者注

李说："你诚心想看演出吗？要是诚心，300元给你！"小李喜出望外，但又有点疑虑："是真票不？""保真，我就在检票口不走，你进不去找我！我就为交个朋友！"

这一演出票，黄牛原本打算卖800元的，后来开价500元，再后来，就只要了300元，甚至低于官网正常价格。这是什么定价法？开场前时间充裕，黄牛本来想用**成本加成定价法**的，好多赚点；随着演出开场时间的临近，情况不断变化，最后如果还没有人买这张票，黄牛就要白贴进价了。所以，黄牛把价格向下调整，最后调到300元，比起官网正常价格貌似赔了，其实未必。因为这票如果是批量采购来的，也许进价只有200元，也许还是内部优惠票，价格更低，黄牛最后还是赚的。而小李的等待，则帮他得到了低价票。黄牛最终的定价决策，本质上采用的是**相关成本定价法**。

　　总结一下，要想使用相关成本定价，首先要确定的是相关成本的内容，我们需要根据实际场景分析。特殊订单的相关成本往往比较低，可能只包含变动成本，从而使得以此为基础的价格也低于常规价格。

商家低价包邮如何赚钱

电商的出现给许多人带来了便利。足不出户，点击鼠标，心仪的宝贝就可以跨越万水千山来到你身边。快递业的兴起和发展极大地促进了电商业务的发展。每年电商大促时各大快递公司的发货量迅速攀升。没有快递的支持，哪儿来的电商一日数千亿的交易额？

消费者网购商品的成本，一般包括商品的拍下价格、运费、抵用券等。由于运费构成了消费者的成本，消费者会在包邮问题上与店主谈判。为了吸引客户，许多店主推出包邮服务，大到家电，小到日用品，不少都是包邮的。大额商品卖价数百乃至上千元，运费只占小头，抹去了运费等于商家让利，可以从商品价格上赚回来。可是，价格只有10元的商品，例如手机膜，甚至不到10元的商品，例如小头饰等，居然也能包邮？要知道，消费者自己去寄快递，一单的起步价就已经要10元了，店家卖便宜商品也包邮，岂不亏惨了？

其实不然，卖家和快递公司之间的运费结算，不像个人消费者那样按件计重结算。各网点为了提高业务量，对于快递发得多的客户，采取签约方式按月包月收费，或者约定每个月发货重量的额度，然后给一个固定价格。例如，每月收取2000元的费用，但要保证发送1000斤的货物，平均每斤的运费仅为2元。

由于是包月制，不管有无发货，店主都必须支出这笔运费。因此，对于店主的每一笔新增业务而言，运费成本都属于固定成本，是不相关成本，所以无须向消费者收取。商品本身的进价成本和对应的包装整理费用才是相关成本，才需要由消费者买单。

和其他要收取运费的店主相比，包邮还能转变成店家的优势，给客户带来实在的成本节约，从而促进自己小店交易额的上升，许多店主愿意采用这种方式经营。

至于商品本身的价格为什么那么便宜？店家从厂家直接拿货，批发量大，所以价格低。如果店家要冲钻、要流量，他们可能直接根据进价将商品卖给消费者。采购费用和开店成本可能也不在考虑范围，因为这些成本在特定情况下，不论是否卖出产品，都将发生，都是不相关成本。店家只要保证售价高于进价（相关成本）就能盈利，从而薄利多销，靠销量赢得口碑和市场，争取后续的利润。

总结一下，签约方式确定的快递费用，在相关范围内属于固定成本，不因快递数量的多少而改变，因此，对于增量订单而言，运费成本属于不相关成本，不需要考虑。因此电商店主愿意提供包邮服务（运费报价为零）。

如何蹭到航空公司的低价机票

了解了相关成本定价的原理，我们再来谈谈机票的价格。

航空公司的机票报价，通常有全价票和多种舱位的折扣票等。以厦门到上海的经济舱全价票（Y舱）1380元为例，这个价格包括了飞机在两地飞行的全部成本和航空公司合理利润，属于长期挂牌价格。

这一价格的制定考虑了补偿燃油消耗、机组工资、小时费、空服地勤工资、旅客服务成本、飞行器租赁或折旧等，以及航空公司的管理费用、财务费用，并且考虑了航线的平均上座率。

但是在每个航线的不同时间里，航空公司可以推出不同的舱位，发布不同的价格。甚至，在不同的代理那里，同一舱位也可能体现不同的价格。有的航空公司可能会推出99元低价机票或者1元升舱活动。

为什么报价这么低？我们利用相关成本分析就不难理解了。

当航空公司已按接近正常价格卖出70%的座位后，由于航线竞争激烈，它很难再进一步提高上座率了。这时候如果再多一个乘客上飞机，会使哪些相关成本增加呢？

燃油费、人员工资、飞行器费用、航空公司管理费用等成本，不管这个乘客是否登机，都必然发生，因此都是不相关成本，也就是旅客服务成本（如机上餐饮）可能增加一点。这么一来，对于这个新增的乘客，航空公司的相关成本（增量成本或边际成本）近似于零，所以，出几张低价票在经济上就是合理的。

有的航空公司放出里程免费兑换机票的机会来吸引旅客；有的航空公司推出经济舱全价票加1元可升级商务舱票的活动。这时候，商务舱票基本上是卖不完的，航空公司存在剩余运力，推出顾客追加1元购买商务舱票活动，吸引了一部分客户购买全价经济舱票（本来可能只需要9折）。貌似商务舱票的报价是1元，但航空公司实际上多赚了1折经济舱票价款（公司实际收入是经济舱全价款与9折款的差额再加1元的相关收入）。而公司多付出的相关成本，无非是机上餐食费用，至于商务舱空乘服务人员的工资等，本来就该正常发生，是不相关成本，不需要考虑。综合来看，航空公司还是赚钱的。

航空公司在面临现金困难时，常常各显神通，开展自救。在2020年的"6.18年中大促"中，东方航空首创的"周末随心飞"产品发布，售价3322元，购买者可在当年12月31日前的任意周末，不限次数地乘坐东航航班，畅飞国内港澳台地区外的各航点。上线不到半个月，东航"随心飞"卖出了10万多套。此后多家航司纷纷模仿跟进。这实际上就是一种预付套票，分摊到每次飞行上，航空公司的单次收入极低（如果按飞10次算的话，每次332.2元）。不过其吸引力极大，刺激很多人购买。对于航空公司而言，预售产品收入尽管不能马上确认为销售收入，但企业于当前获得了较多的现金流入，在航班已经确定要飞行的前提下，机场服务费、油料费等，不会因是否有随心飞旅客而改变，因此属不相关成本，只有餐食等旅客服务成本才是相关成本。航空公司虽然没有赚多少钱，但是它们由于充分利用相关成本极低的空余座位，激发了旅客潜在的出行需求，从而提高了现金流和飞机利用率；旅客则得到了低价飞行的好处；此举还刺激了多地旅游业发展，可谓多方共赢之举。

随心飞

周末无限次，国内任意飞

有的航空公司的特定航线的特定航班，被旅行社以包机形式买下。旅行社具备短期组织和发动大量客源的能力。包机不是为了卖机票，而是为了推销自己的旅游产品。一旦机位不满，旅行社就会杀价收尾扫客，此时的机票价格其实都很低。因为不管机票机位卖不卖得出去，旅行社都必须按承诺的固定价格支付航空公司包机费用，所以多卖一张机票，它们就能多获得贡献毛益。机票上少赚一点，可以从旅游产品的销售中补回来。有些代理商提供"机票＋酒店费""机票＋券（如保险、用车）"

等组合的低价机票，也是类似的原理。

总结一下，低价机票往往是由航空公司在存在剩余座位的情况下放出的。此时，对于航空公司而言，如果能追加售出一个机位，增量成本不大；许多成本，包括固定成本甚至有些变动成本，都不会因为追加的乘客数量而发生改变，决策的相关成本很小，因此公司定价可以远低于常规价格，从而增加企业可获得的贡献毛益。

特殊定价有条件

值得注意的是，特殊定价模型的低价有其特定适用条件。

首先，**生产者必须存在剩余生产能力**。例如航线竞争激烈，特定日期有剩余机位。商务舱本来就比较贵，市场面窄，波音787机型有32个商务舱座位，通常能卖出10个位置以内，其他的位置都是空的。放低价，可以吸引一部分对价格敏感的客户，还能使原被占用的经济舱空出来，方便公司进一步发掘客源。

但如果不存在剩余生产能力，例如在2020年，由于旅行禁令的实施，国际航班大幅度减少。回国机票屡屡出现天价。欧美回国直飞航班少且中转要过境签，经济舱上万元，商务舱数万，仍一票难求，甚至公务包机的票都难抢。此时，是没有航空公司会推特价机票的。2023年，由于国际航班恢复较慢，在供不应求的状态下，特价舱位难寻，票价是2020年前的两三倍。此时就不要存捡漏的心了，能到目的地就好。至于经济舱票的捡漏，除了可能提前很早的促销票，通常会出现的是"last minute（最后一分钟）促销"。此时航空公司针对剩余机位多的特定日期、特定航线会给出低报价，以便进一步拉动销售。

其次，**不能影响现有正常订单的销售价格**。低价出售座位不影响正常价格、正常渠道购票。以 1 元升舱为例，即这 1 元的价格，只是针对特定客户、特定场景的，现有的客户不会因为知道有人多加 1 元升级了商务舱票而要求获得同样的价格。

机票退改签的特殊规定不少，即便客户知道有特价票，退掉原来的票也需要额外付出，而特价票数量有限，不能保证退出时还能"秒"到。没准一经折腾，价格更贵了。所以就算是已经以正常票价买了票的顾客，在发现航空公司推出特价票时，一般也不会退票重买。

最后，**低价不能成为常态价格**。想一想，如果所有的商务舱票价都是 1 元，或者全部经济舱票都只卖 99 元，这航线还能开下去吗？特殊定价只适用于短期定价，长期报价仍需要考虑全部成本的补偿。如果没有设置好使用条款，那么低价可能造成企业亏损。1987 年美国航空公司推出了 25 万美元的终身飞机票，有个银行家在购买后又花 15 万美元加购副卡，他不仅自己免费乘坐，也让家人免费乘坐，甚至还帮陌生人免费或低价乘坐。到 2007 年，航空公司发现光在主卡上，公司就已经亏了 2000 万美元。后来航空公司通过诉讼才终止该服务。

总结一下，在进行特殊定价时，价格只需要超过相关成本即可。不过应用特殊定价需要考虑特定条件：生产者必须存在剩余生产能力；不能影响正常定价商品的销售；只能是短期报价，不能应用于长期报价中。

> 思考题：乘坐邮轮度假是一种旅游方式，人们需要购买船票，票价动辄数千元，游客一般需要支付舱位费、港务费、船上服务小费等。你有没有可能从旅行社那里拿到一张低价的船票？

── 小结

低位定价讲特殊

- 在特定情况下，企业的报价可以低于正常报价，甚至低于其完全成本。特殊定价采用的是相关成本定价法。
- 由于存在剩余生产能力，许多成本是不相关成本，此时相关成本很少甚至为零，因此企业可以报出低价。
- 相关成本定价法的应用需要考虑适用条件，企业必须存在剩余生产能力，不能影响正常定价商品的销售；该价格只能是短期报价，不能应用于长期报价中。

第三篇

生产决策分析：
复杂乐器如何奏响美妙乐章

成本体现资源的消耗，那么资源应该如何合理安排才能取得最好的效益呢？对于生产者来说，其实就是要做好生产决策。而对于消费者，则是合理花钱了。

　　在管理会计学中，生产决策分析由多个要素组成，如成本、产能、市场需求、产品质量、人力资源等，就像一台复杂的乐器，每个部件协调一致，才能演奏出美妙的乐曲。每个生产要素都需要相互协调和平衡，人们才能做出正确的生产决策。

第八讲 ┃ 自己做还是请人做

　　近年来，临近春节，各大饭店的年夜饭预订量上升，很多家庭在大年三十选择外出就餐。那么，问题来了，年夜饭到底是在家自制还是外购更划算？这就涉及本讲的内容，即利用相关成本法，对自制或外购决策成本加以比较，同时考虑各种因素做出选择。通过本讲学习，你将了解生产者在选择零部件自制或外购时的各种考虑因素，同时也将学会在生活中如何做出同类决策，改变生活方式，提高生活质量。

　　本讲关键词：自制、外购、外包、相关成本分析、非财务因素、战略因素

自制或外购决策：相关成本分析

自制与外购决策是生产者围绕零部件是自己生产还是从其他供应商那里采购而做的决策。这类决策首先假定，两种方式加工的零部件给企业带来的效益是一样的，将重点放在比较两种决策的成本上：**要准确识别并计量自制的相关成本**。

最常见的错误是将自制的完全成本和外购的供应商价格进行比较，忽略了自制完全成本中包含着应当剔除的不相关成本。除了财务分析，这类决策还需要考虑非财务因素。选择自制，企业管理者能够对工作施加直接控制，而选择外购，则其可以充分利用外部组织的专业化技能和经验。

供应商供货的质量、交货期是否有保证？是否能长期稳定供货？企业是否会形成对供应商的过度依赖？早在 20 世纪 50 年代，一些企业就开始将低增加值的非核心业务或职能转移给第三方供应商，以获得成本节约效果并使自身专注于核心业务。这种商业行为被称为外包，本质上也是外购。到了 20 世纪 80 年代，外包开始跨越国界，一些跨国公司把制造业和业务流程外包给全球范围内的供应商，以获取成本优势并扩大市场。 例如，从苹果到惠普，越来越多的电脑生产商正将产品组装工作甚至是将笔记本电脑和其他设备的设计工作外包交给代工厂商去做。进入 21 世纪后，外包进入专业化阶段并涵盖更多的领域，如 IT 开发与维护，人力资源管理、财务会计、客户服务等工作，都可以由专业外包公司来完成。

对于自制或外包，除了财务分析，还要考虑战略因素。

买个零部件还这么复杂吗？不是怎么便宜就怎么买吗？

早餐的相关成本分析

你的早餐是怎么解决的？在家自己做？还是在早点摊上买？这些选择其实就是自制外购决策。在家自己做相当于自制，在早点摊买其实就是外购了。那么，如何进行相关成本分析？

假设你一个人的早餐是酸奶 200 克，水煮鸡蛋一个，面包一个 50 克。这些东西从早餐摊上买，其中酸奶 4 元，水煮蛋 2 元，面包 2 元，合计 8 元。如果是在家里自己做，那么面包是面包店买的，还是 2 元；蛋一次性买了一盒 10 个，共 15 元；酸奶是用酸奶机做的，买了 1 升的鲜牛奶（可以做出 1000 克酸奶）14 元，买了酵母一包 1 元（可以用 5 次）。你从第一天晚上 9 点开始准备，打开机器，第二天早上 6 点起来，此时酸奶刚好发酵到适口，可以取出装盒、分碗食用了。

从会计角度来分析成本，是自制划算，还是外购划算呢？我们先对自制的各个项目的成本做下分析。

首先，面包还是买的，即外购，所以仍是 2 元。不过，如果算上跑趟面包店的跑腿费（采购成本），那么要额外加 0.5 元。面包是提前买了放在家里的，需要存储；存储不当，面包变质或者被家里宠物吃了，那么会有损耗，成本还要加上去，比如说是 0.02 元（1% 的损耗）。这样算来，自制的实际成本，比早上直接在早点摊上买要贵。

其次，煮蛋。买的鸡蛋平均单价是 1.5 元，水煮过程用煮蛋器加水，耗费 5 分钟，用电 0.02 度，电费 0.5 元 / 度，那么 0.02 度花费 0.01 元。自制成本 1.51 元，比外面买便宜。不过有人会说，我自己加工过程的人工费要算吧？就当作 0.5 元吧。买个煮蛋器也要 100 元吧？假设使用寿命一年，可以煮 200 次，那么一个蛋要摊成本 0.5 元，煮个蛋的完全成本，就要 2.51 元（原料 1.5 元 + 电费 0.01 元 + 人工 0.5 元 + 设备 0.5 元），超过外购成本的 2 元。所以，自制不如外购便宜。

不过，这样算对吗？在自制与外购决策中，我们需要考虑具体场景下的相关成本，不能把自制的完全成本都当作相关成本。在分析自制相关成本的时候，我们可以用逆向思维，假设不自制，成本是否照常发生。若不自制就不发生的成本，是相关成本；照常发生的成本，则是不相关成本。如果不自己煮蛋，鸡蛋原料费和电费就不会发生，所以这两个项目的成本属于相关成本。

那么加工费呢？这要看你在什么时候煮蛋了。在早上起来洗漱的同时煮蛋，基本上就是利用了见缝插针的时间，本来这个时间你没有工作，没有工资，你也不是雇别人来煮蛋的，人工的相关成本就是零。煮蛋器是否要算成本，要看具体情况。

假如这个煮蛋器你半年前就买了放着没用，如果不煮蛋，煮蛋器还是在柜子里放着。不管你煮不煮，煮蛋器发生的成本都不会改变。对于自制这个决策，它就是不相关的成本。

综上所述，与外购相比，自己在家煮个蛋的相关成本是：原料加电费 1.51 元，不考虑不相关的人工费、设备费。所以自制比外购便宜。

最后，做酸奶。这个工艺要比煮蛋复杂，耗时长，并且是批量生产的，买一次酵母能做 5 份酸奶。那么自制相对外购，成本是多少呢？同样道理，原料（鲜奶 14 元 + 酵母 0.2 元 = 14.2 元；电费，用时 9 小时，算 1 元），合计 15.2 元，属于相关成本。做 5 份 200 克的酸奶，每份成本约 3.04 元，如果外购的话是 4 元。所以，自制还是比外购便宜。

有人说了，制作酸奶耗时 9 小时，人工的相关成本还是零吗？是的，因为你是在睡前插上电的。在此期间，不做酸奶，你在休息；做酸奶，你也在休息。既然做与不做没有差别，那么它就属于不相关成本。

和煮鸡蛋不同的是，你这一次做出来的是 5 份 200 克的酸奶，而你只需要一份。多的怎么办？如果家人多，可以一起吃了；不然，你只能将酸奶存放在冰箱中，等第二天吃。所以，第二天吃的这份酸奶，相关成本要加上冷藏存储的成本，比如一天 1 元，那么第二份酸奶的相关成本是 4.04 元；存到第三天食用的话，存储成本再加一元，相关成本变成 5.04 元；依次类推，自制的成本反而要比外购的高了。

当然，前面的分析都是从算经济账的角度进行的，但是现实生活中的决策并不总是如此。我们的早餐选择，除了要考虑经济因素，还要考虑其他非财务因素。自制早餐，除了吃饱，我们更多考虑的是放心、健康。自己煮的蛋可以根据自己的需求来保证其几分熟，外购的则是批量生产，也许太老。自己做的酸奶保证真材食料无添加。另外，自制早餐，你也许更想要的是一家人一起用餐的体验。将这些因素考虑进去后，那么外购的成本，不管比自制便宜多少，可能都没有自制吸引你了。

自制与外购不仅仅是成本的考虑

什么业务自己做（自制），什么业务转移出去给供应商做（外购或外包）呢？企业在决策时不仅仅要考虑成本，还需要考虑对企业战略的影响。

例如质量因素。外包供应商为企业提供的产品服务必须具有高质量，否则将给企业带来无法承受的损失。这点，康师傅的经历可引以为鉴 [1]。

说起康师傅方便面，大家再熟悉不过了。对于方便面厂商

---

[1] 主要参考资料：赵水忠. 没有围墙的公司——外包：事故多发区 [J]. IT 经理世界，2003（13），56-61.
张辉. 被酸菜坑惨的康师傅. 中华工商网. 2022-3-17.

来说，似乎做好面饼、方便生产就是了，其他配套材料和服务，例如面碗、调料包、物流配送等，可以交给外部供应商来做。然而，早期康师傅吃过外部供应商的亏。订购的面碗不能及时交货，交货数量无保障，物流配送不及时、产品被压坏等现象时有发生，于是，康师傅建起了自己的包装厂、物流体系等，甚至管起了菜源。

传统的配料包括油包、粉包和蔬菜包。康师傅在国内采购了最好的蔬菜制作蔬菜包，但蔬菜包细菌数量比较难达标。在经历了对脱水蔬菜供应商的大规模辅导后，康师傅才选出了七八家比较合格的脱水蔬菜供应商，可是，它仍无法彻底解决质量不稳定的问题。最后，康师傅自己上手，成立了顶芳脱水蔬菜有限公司，并发展为国内最大的蔬菜生产制造基地，这才保障了脱水蔬菜的质量，也才使方便面的最终产品质量得到了保障。

随着人们口味的变化，方便面也不断推陈出新。带有酸菜元素的方便面很快成为市场的新宠。2013 年，整个酸菜方便面市场销售额达到 100 亿元人民币，由统一和康师傅各占半壁江山。国内方便面厂家的酸菜，主要源于湖南岳阳华容这个有着 1500 多年芥菜种植史的县城。

康师傅的酸菜蔬菜包就是以外包形式由该县的酸菜生产厂供应的。然而，2022 年，3·15 晚会曝光了土坑酸菜问题，湖南插旗菜业脚踩酸菜、防腐剂超标等画面被曝光。而这企业正是康师傅酸菜面的供应商。事件一经曝光，康师傅公开致歉，并立即宣布中止与其合作，封存酸菜包产品，并配合监管部门调查。在 3 月 16 日，康师傅的股价就开始暴跌了。各大电商平台上，酸菜口味方便面全部下架，行业遭受了重击。

不过，这次康师傅没有选择自建工厂。事件爆发后，当地政府立即出手，连夜对涉事企业进行全面执法监督检查，对所有酱腌菜行业进行地毯式排查，不符合生产条件的企业须全部停产整顿。康师傅更换了供应商，并在一个月后，持质检报告上岗，酸菜面重回市场。此外，康师傅与中国乡村发展基金会联手，发起华容县产业助农项目，深入乡村农户，狠抓芥菜产业标准化生产，全程管控生产过程，助力华容县芥菜产业发展高标准、高质量和高效益新模式，重新获得了市场认可。在 2023 年《财经》新媒体的新奖评选中，该项目荣获"年度 ESG 实践先锋奖"，还入选了人民网"2023 乡村振兴创新案例"。

再比如说，供应链韧性。为了发挥专业分工优势，许多业务被外包，导致供应链环节不断增加，供应链国际化。但是，当前世界正面临百年未有之大变局，重大不确定性引发全球化供应链危机，很多企业开始收缩离岸外包业务，实行在岸、近岸外包，而有些则重新将制造业回流。对于一些关键原件和核心部件，例如电子设备中高端图形处理器及存储芯片，色谱仪、光谱仪、质谱仪的科学仪器，当前正不断实现国产替代，产品已逐渐减少对其他国家的依赖。

总之，企业自制或外购不仅仅要考虑成本，还要考虑与供应商的合作关系。制造商可能需要对供应商加以业务指导以提高外购质量，从而保障企业信誉这一战略利益。对于核心技术，则企业应当坚持自主研发的道路。尽管这样短期在经济上可能不划算，但是长期来看可以使企业减少对供应商的依赖，提高供应链韧性，具有战略意义。

总结一下，从经营的层面看，自制与外购决策，需要分析的是二者的相关成本，即由于决策而产生的增量成本，而不是自制产品的完全成本。

当生产能力已经形成的时候，许多固定成本不会因为自制与否而发生改变，因此是不相关成本，在分析中不需要考虑。而一些人工成本，如果其工资支付或时间的消耗不因为自制与否而发生改变的话，也可能是不相关的。

当自制相关成本低于外购时，从财务角度看人们通常会选择自制；如果自制成本高于外购成本，则需要多考虑一些因素，例如质量、供应保证等。即便成本较高，人们也可能愿意选择自制。

此外，对于核心技术和零部件的决策分析还需要从战略角度考虑，要争取核心技术自制，减少对供应商的依赖度，争取战略生存机会。

思考题：老人生病了，请保姆来照顾还是自己照顾？自己照顾对比请人照顾，相关成本有哪些？除了考虑成本，还有哪些因素要考虑？

小结

自制还是外购

- 应用相关成本分析法分析自制决策的相关成本，从财务角度帮决策者做出选择。

- 自制的相关成本，通常比其完全成本要低。除了财务分析，在选择自制或外购时，企业还要对供应商提供的产品和服务的质量、供货期等做出比较分析。

在进行相关决策时，可以参考图 8-1 内容进行分析。

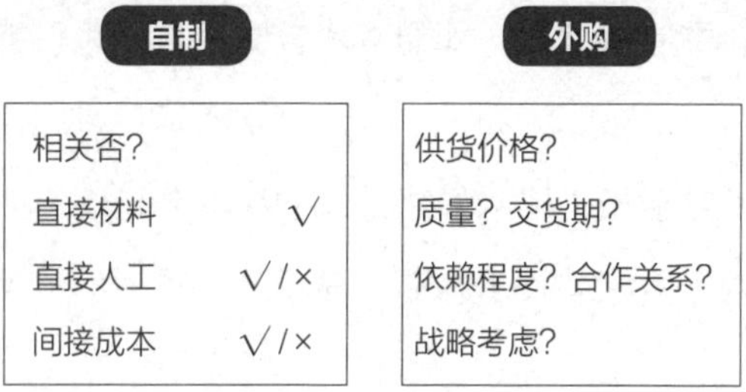

图 8-1　自制还是外购

第九讲 ｜ 立即放手还是继续前行

　　婚礼在即，新郎接亲时被临时加价，且协商无果必须立即付现。是要四处筹款，以便继续预定的婚宴，还是抽身离去？感情账理不清，经济账可以算一算。满足了接亲加价需求，后续是否还有下车费、改口费等？未来生活是否有增量价值？抽身离去的话，付出的彩礼能要回来吗？经营中常面临类似的选择，如进一步加工与否决策，即在生产经营的什么阶段出售产品的问题。通过本讲的学习，你将学会找准变现获利节点，并且学会扩大价值的方法。当然，你也可以将这种分析思路带入职业生涯的选择中，学会在什么时候继续深造、提升自我。

　　本讲关键词： 进一步加工与否、增量收入、增量成本、机会成本、沉没成本

进一步加工与否：相关成本分析

企业经营的产品从生产到转移至消费者手中，可能存在很多步骤。生产者可以在其中某一步骤将产品出售，也可以选择进一步加工后再出售。通常，进一步加工可以增加产品价值，但是需要付出增量的成本。

决策中需要比较的是进一步加工的增量收入（即下一步骤的销售收入与立即出售的销售收入之差）与进一步加工的增量成本的差额。

进一步加工的增量收入＞增量成本，进一步加工

进一步加工的增量收入＜增量成本，立即出售

这个分析也可以换个角度进行，即进一步加工的收益＝进一步加工的全部收入－进一步加工增量成本－立即出售的全部收入（进一步加工的机会成本），二者结果是一致的。

做此类决策时，容易犯的错误是，过于重视立即出售之前的成本，这些成本，不论选择立即出售或进一步加工，都已经发生了，**属于沉没成本**，是不相关成本，在决策中不需要考虑。考虑了这些成本，可能会因为销售价格过低而拒绝出售，从而导致最后血本无归。第一讲里面的农民小钟，算出萝卜耗费了0.2 元 / 斤的成本，看着当前 0.17 元 / 斤的售价，怎么都舍不得卖，觉得亏了。可是，如果不赶紧卖，萝卜烂在地里，损失就更大了。

看到这里，你是不是有点困惑了：产品的损益，不是收入减全部成本吗？为什么不需要考虑立即出售前的成本呢？

平和蜜柚的尴尬

漳州平和蜜柚是地方名果，在清朝被列为朝廷贡品，其产业规模在国内占据领先地位。但是，多年来漳州平和蜜柚经常遇到丰产滞销的尴尬局面，2011 年、2015 年、2018 年都遭遇了这种情况。蜜柚大丰收，价格却连连下挫，收购价从开始的 2 元 / 斤，跌至 0.7 ~ 0.8 元 / 斤，2018 年收购价甚至只有 0.5 元 / 斤。农民算了笔账，发现按这样的价格出售，一年的辛苦就白费了。种植一亩柚子，大约需要人工费 1800 元，农药费 2400 元，其他杂费 300 元，合计 4500 元。亩产 6000 斤的话，每斤成本为 0.75 元。

摘不摘果

成熟的果子需要请人采摘。工钱从一斤五六分钱，涨到了一斤七八分钱；远的地方，甚至涨到 0.12 元 / 斤。农民感叹："采摘比种柚子还赚钱。"高山蜜柚长在山上，如果收购商不进山收购，农民只能自己雇车运下山，从山上到山下，7 公里左右的运输费，从 180 元涨到了 300 多元。一趟车 300 斤，平均运费需要 0.6 ~ 1 元 / 斤。

果农的账是怎么算的呢？柚子每斤成本 0.75 元。收购商才给出 0.5 元 / 斤的收购价，卖一斤赔 0.25（收购价 0.5- 种植成本 0.75）元，种柚子不如摘柚子。可是，如果不卖会有什么结果呢？果子挂在树上不摘，会影响来年的挂果，到时候还需要请人清理，这可是一笔相关支出。不摘不仅当前没有收入，还会影响未来收入，加大未来现金支出。

而如果采摘后出售，至少还能拿到 0.5 元 / 斤的现金收入。在供过于求的市场环境下，卖与不卖，果树的种植成本都不会改变，是**历史成本、沉没成本**，属于不相关成本。在决策中已经不需要考虑它了。

真正相关的是现金收购价格。但是，价格是如此之低，如果果农不请人采摘的话，收购商就不愿意收购了。所以，立即出售其实价格为零（无人收购）。采摘，就成为销售所必须完成的工序，也就是进一步加工了。

假设亩产 6000 斤，那么进一步加工的话，有如下计算。

增量收入 $(0.5-0) \times 6000 = 3000$ 元
  减：增量成本（采摘成本） $0.12 \times 6000 = \underline{720}$ 元
进一步加工的收益 $(0.5-0.12) \times 6000 = \underline{2280}$ 元

请人采摘至少能获得收益 2280 元。如果是自己摘，假设农民无其他工作，那么不需要支付现金工资，则可以省下 720 元的采摘成本，增量收益是 3000 元。不过，自己摘摘得慢，而柚子错过最佳采摘期，口感将变差，收购价又会下降，到时候增量收入会减少。要不要节省采摘人工，是需要权衡考虑的。

所以，尽管价格低，请人采摘的人工成本高，可是，如果能及时摘下来的话，农民的收益还是得到了提升的。

运费由谁承担

可是，如果需要农民自己承担运费的话，情况就可能逆转了。

增量收入仍是 3000 元，但增量的成本需要加上运费，6000 斤要运 20 趟，总运费为 20×300=6000 元，进一步加工的收益是 2280-6000=-3720 元。

如果供应商不进山收购，农民卖果要自己运出山，此时，若进一步加工，农民就要倒贴钱，还不如不卖，最多是自己乱棍敲下果实，任其烂在地头。这相当于选择了立即出售，收益为 0，相比于出山的决策，可以节约 3720 元。

由于收购价低，请人采摘的成本和运出山外的成本高，农民选择将柚子留在树上，而不是采摘（进一步加工）后出售给经销商。

深加工实现增值

采摘只是简单粗加工，不改变产品形态，带来增值不大，很难真正帮农民解困。在市场价格低迷的情况下，往往只有探索深加工方式才能解决问题。

柚子用途多，可以做果酱、酿果酒、做蜜饯等。以做果酱为例，一个柚子，经剥皮取肉打碎，加糖加热熬制，才能形成果酱。两斤重的柚子最后变成了一罐柚子果酱，价格从 1 元变成了 25 元，增值 24 元。追加的成本是各种添加的原料和加工过程的成本，假设是 10 元吧，那么，每加工一罐柚子，农民可以多获利 14 元。这个利润，足以让农民来年继续生产了。

手工加工效率低，还是买台料理机吧。料理机需要 500 元，这可是相关成本——固定成本。如果只加工一罐柚子，肯定不划算，会亏损（14-500=-486 元）。

怎么办？多做点？做多少？

至少做 36（500/14≈36）罐。

怎么样，似曾相识吧？对，这就是我们第二讲本量利分析中的保本点公式的变形。

深加工保本量 = 增量固定成本 / 单位产品增量贡献毛益

如果柚子很多，那么就多买设备，加快采果和加工进度，在果肉口感合适的时候完成价值的增加。如果规模再大些，那农民就可以添加自动化设备，办个加工厂了。

这种加工模式，在哪里见过？第六讲里的日本马路村。不过，这种方式要想成功，需要有稳定的客源，他们愿意来购买柚子果酱。不然，在深山老林里，产品卖不出，加工越多，损失越大。

总结一下，是否进一步加工后出售产品，关键看进一步加工后取得的增量收入是否超过进一步加工的增量成本。而产品在立即出售之前的生产成本是不相关成本，生产者不需要考虑。

如果进一步加工需要购置加工设备，那么，要有一定的加工规模才能支持进一步的加工决策。

毕业后就业还是读研

在决策过程中，相关成本分析很重要。涉及人生职业选择的决策，我们同样要比较决策的相关收入和相关成本，同时要考虑很多非财务因素，经综合评判，我们才能做出满意选择。

本科即将毕业，你来到了人生的十字路口。是就业还是继续读研深造？这是你面临的人生选择题。如果把人才当作产品，那么你所面临的，其实是立即出售（就业），还是进一步加工（深造）的决策。

当你提出要读研的时候，你的父母可能叹息，上四年大学投入的 10 多万元，什么时候才能收回？你大可以回答：这都是

沉没成本。咱们还是现实点，分析下立即就业和继续深造各自的优缺点。

谈钱虽然俗，但不能不考虑钱的问题。读研（学硕）每年学费1万元，3年是3万元。立即就业假设每月可获得工资收入5000元，每年6万元，3年可以赚18万元。这是读研需要放弃的收入，即读研的**机会成本**。

那么读研的好处有什么呢？研究生毕业后还是要就业的，这时候的工资假设每月9000元，比本科生多4000元，一年收入多4.8万元。综合一下，读研三年后工作一年，一共四年的成本收益分析如下。

读研毕业工作一年增量收入	4.8 万元
减：读研的学习成本	3　万元
读研的机会成本	18　万元
读研增量收益	−16.2 万元

你读书的生活费怎么不算？可以算。只是如果你立即就业，不也需要生活费吗？它们在这两个方案中都要出现，金额相差不大，那就是不相关成本，不需要考虑。

那么，读研真的亏了吗？其实，上面的分析只看一年，所以增量收入只算一年4.8万元，把时间拉长点，多算4年的话，工资水平保持不变，读研的增量收入就会多增加19.2万元，此时整体增量收益就大于零了（19.2−16.2=3）。读研在经济上就变得划算了。此外，读研还有许多机会也要考虑进来。比如，你学习成绩优秀，学校会发奖学金，等于免了学费，甚至还可以有一定的生活补贴，从而增加读研的收入，减少读研成本。读研期间，你可以从事兼职；如果所学专业能让你参与导师的实验项目，你就可以获得收入。更重要的是，读研提供了更多的就业选择。券商等金融机构招人，几乎是非研究生不用，而这些单位的工资相当丰厚，此时读研的增量收入可能就不是 4.8 万元，而是 10 多万元！

　　因为读研，你可以多学习，提高技能水平，未来就业时的升值空间大，收入成长的机会大。因为读研，你可以多单位实习，更好地规划职业，避免进入不喜欢的行业，产生重新择业的损失。在当今社会里，大学生遍地、研究生一抓一大把，学历越高，含金量越高，未来的机会越大。既然你早晚都要选择去读研，不如早点读。这时候，你放弃的就业工资少，机会成本小。而越晚读，放弃的工资越多，损失也越大。所以读研可能成为一个合适的选择，只是收益不会在短时间内变现。

　　当然了，在我们的分析中，读研选项的时间跨度达到四年，属于长期决策；若想进行更准确的分析，你需要借助货币时间价值对收入和成本进行贴现换算，具体可以参考图 9-1 及第十一讲的内容。

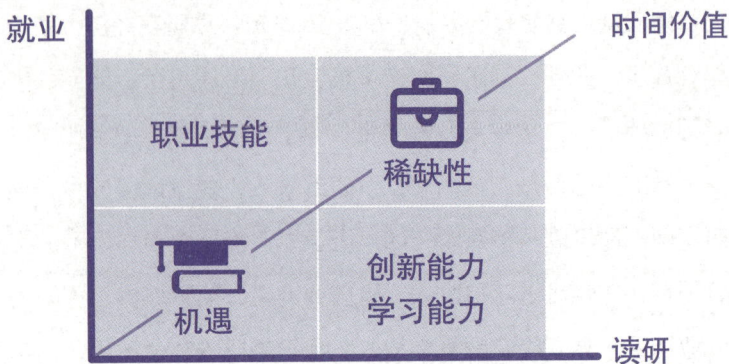

图 9-1　就业还是读研

海外读研值不值

再进一步，如果你心仪的研究生学校在英国，读研学费一年为 22 000 英镑，租房加生活费用每月为 1000 英镑。然后还是按回国后就业一年来考虑，那么又该如何分析呢？

首先看海外读研的相关成本。

学费 22 000 英镑折合人民币为 20 万元左右，生活费一年等于 12 000 英镑，约合人民币 11 万元。有人就会问了：前面分析的时候，不是说生活费是不相关成本吗？这里怎么又算上了？前面说的是在国内立即就业或读研，二者的生活费相差不大，所以可以视为不相关成本。但是，英国的租房费用高昂。在国内，你还可以住在父母家，省下租房这笔费用；在国外，这笔钱可是要实实在在地交给房东的。另外，你从国内飞去英国的机票要算吧，简单点，就算一个往返 1.2 万元吧。机会成本还算吗？算呀，去留学你还是没有办法立即就业。不过，由于留学期只有一年，所以损失的机会成本是 6 万元。整理一下，海外读研的相关成本如下。

学费	20　万元
生活费	11　万元
国际旅费	1.2 万元
机会成本（放弃一年工作损失的收入）	6　万元
合计	38.2 万元

接着，相关收入是多少呢？这就要看你能找到什么样的工作了。如果你希望在第一年工作后就收回成本，费用按 38.2 万元推算，除以 12 个月，加上本科就业月工资 0.5 万元，你的海归期望工资将是 3.68 万元。对于只读了一年硕士且没有什么工作经验的你，这个要求可能太高了，不好找工作哦。估计你要放低薪资预期，例如，每个月赚 1.2 万元吧。不过这时候，收回你的读研投资所需要的时间就会拉长了，至少要 4.5 ［38.2/12/（1.2−0.5）］年才行。

和国内读研不同的是，出国的话，不考虑机会成本，你需要准备的是 32.2 万元现金，远超过在国内读研要准备的现金。这个资金从哪里来，家里能出钱吗？是否需要卖房？如果卖了房，等你读完 1 年研再工作 3 年多，赚到了钱，再想买房，可能就买不起了。不过这取决于到时候房地产的市场行情了。不过呢，要注意的是，这实际上是两个不同的决策。一个是当前卖房多年以后再买回来的决策值不值的问题，另一个是放弃立即就业去海外读研然后回国就业值不值的问题。前者看的是你的房地产投资眼光，是否能在价高时卖出，然后抄底买入，实现房地产投资收益；后者才是关乎人生道路的选择。

当然了，如果你已经明确一定要读研，只不过是在纠结在国内读还是在海外读，那么类似地，你需要找到相关成本，比较国内和海外求学的学费、生活费、交通费的差异；你需要确定相关收入，找到未来就业的薪酬待遇等诸多差异，再用上述方法进行比较分析。

其实，海外读研，如果经济负担得起，是一个不错的选择。它可以帮助你开阔眼界，感受多元文化，打造一段不一样的人生经历。

总结一下，在决策过程中，相关成本分析很重要。涉及人生职业选择的决策，同样要比较决策的相关收入和相关成本，同时要考虑很多非财务因素。经综合评判，你才能做出满意选择。

思考题：如果你决定读研，会选择在国内读还是在国外读？如何进行分析？

— 小结 ——————————————————

立即出售或进一步加工应考虑的成本

- 进一步加工与否的决策，常犯的错误是把产品在可立即出售之前的生产成本当作相关成本，纠结于价格太低无法补偿生产成本，而不愿意对外出售，也不愿意进一步加工。实际上，它只是非相关成本。

- 进一步加工与否决策，需要考虑的是进一步加工后取得的增量收入，是否超过进一步加工的增量成本：是，可选择进一步加工；否，则选择立即出售。

- 在选择进一步加工时，所丧失的立即出售的收入，是决策的机会成本，记得将其考虑进来。

第十讲 ｜ 什么时候该"断舍离"

过年前大扫除，从橱柜里清理出满满当当的"宝贝"，是舍弃还是留存？这就要看这些宝贝能不能发挥价值了。若是你费心费力淘来的手办，你可以找个展示空间，令其大放异彩；若是过季衣物甚至是过期的食物，徒耗存储空间，着之不喜，食之有害，那么当断则断。在经营中，类似的选择为是否关闭亏损部分的决策。本讲将教你利用相关成本分析法识别亏损部门。通过学习本讲，你将学会如何识别真假亏损，避免放弃有利的机会；你也将懂得在面对鸡肋部门时壮士断腕，获得新生；你还将学会如何得体退出，及时止损。

本讲关键词： 亏损部门、部门贡献毛益、部门毛利、部门经营利润

部门损益表与亏损部门的识别

2020 年春航空公司的旅客出行量断崖式下降，上座率达历史最低。根据上座率和票价计算的销售收入，完全无法弥补航空公司的航油费、折旧（租赁）费、人工费和起降费等。放眼过去，财务报表体现的航线效益一片红（亏损），此时航线还能继续开吗？这就面临是否停止亏损生产线的问题了。我们先看下部门报表的结构。

通常大众能看到的损益表是表 10-1 这样的。

表 10-1　财务会计的损益表

营业收入	× ×
减：营业成本	× ×
税金及附加	× ×
主营业务利润	× ×
减：销售费用	× ×
管理费用	× ×
财务费用	× ×
营业利润	× ×

这个是给外部投资者看的报表，并且整个公司或集团的经营情况都被汇总反映在内，对于经营管理意义不大。

企业在设立多个部门时，为了区分责任，促进业绩增长，需要编制部门损益表，按部门而不是按公司整理编制损益表。并且，损益表上要能反映成本性态，以便决策。其结构如表10-2所示。

表 10-2　管理会计的损益表

部门销售收入	× ×
减：部门变动成本	× ×
部门贡献毛益	× ×
减：部门专属固定成本	× ×
部门毛利	× ×
减：分摊的总部费用	× ×
部门经营利润	× ×

$$部门销售收入 - 部门变动成本 = 部门贡献毛益$$

$$部门贡献毛益 - 部门专属固定成本 = 部门毛利$$

$$部门毛利 - 分摊的总部费用 = 部门经营利润（税前利润）$$

其中**部门专属固定成本**，由该部门的生产经营产生，是部门直接成本。

分摊的总部费用，是指由总部负责展开的诸如合同、会计、品牌管理等活动支出，分部是受益方，需要按一定的标准分摊总部费用。

一个部门报表，出现了三个利润指标。这个部门赚不赚钱，哪个指标说了算？

当部门（或产品）经营利润持续出现负数的时候，是否该放弃这个部门（或产品）？

航空公司是否要取消航班

2020 年，旅客出行意愿大幅度下降，航空公司收入锐减，现金流告急。航空公司的报表中，公司税前利润全线飘红。全行业陷入巨亏状态，航班客座率极低且不断有航班取消。可是，有一家航空公司却倔强地飞着，它就是厦门航空。难道这家公司不怕亏损？不是的，关键在于它会算账，还会算精细账。

前面我们就提到了，经营决策关注的是相关成本，我们需要把成本区分成变动成本和固定成本，并根据决策的实际场景来分析。

那么，航空公司的主要经营成本有哪些呢？职工薪酬费用、折旧和摊销费用、飞机维护及修理费用、航空油料消耗、飞行训练费、起降服务费、客舱服务费、租赁费及税费、餐食及供给品费用、飞机物料消耗、地面运输费、民航发展基金及其他费用。通常"航油＋折旧（租赁）＋人工＋起降"占据8成左右。按成本性态划分，对于每个航班，燃油费、起降费、顾客服务费为变动成本，而人力成本、飞机折旧租赁等为固定成本。在正常情况下，航班的损益，要把上述成本全部扣除来考核，算的是**部门经营利润**。但是在行业不景气时，航班能飞与否，重点要看是否有**贡献毛益**，即将航班收入扣除航班变动成本后是否大于零。可是，当航班客座率直线下降的时候，贡献毛益似乎还是负数呀，那不就不能飞了吗？厦门航空是怎么算的？

原来，当客座率发生变化的时候，变动成本也可能会变化。厦门航空重点关注的是贡献毛益，而飞机租赁费、日常人力成本等都是固定成本，不必看了。需要重点分析的是与现金流相关的**相关成本**。比如说，某航班原来客座率高的时候，飞一趟的收入达到15万元刚好保本持平；当客座率下降时，收入只有10万元，从表面看，会发生亏损5万元（部门经营利润负数）。可是，不管飞不飞，飞机租赁费等固定成本都会继续发生，所以这是不相关成本，不用考虑。在行业不景气时，变动成本还是原来的水平吗？燃油费，由于客座率下降，载重少了，燃油消耗下降了，可以省1万元；民航基建基金预期下调，可以扣除0.5万元；机组飞行小时费虽然貌似是增量成本，但如果不飞，公司需要提供模拟机让机组训练，执飞可以节省训练费1.6万元，这个要从变动成本中扣除。还有飞机维修费2万元，这个在今年不需要付出现金，也不去考虑。这样合计变动成本会比原来减少5.1万元，航班贡献毛益就会增加5.1万元。所以，飞的话，成本其实不是原来预计的15万元那么多。还有，别家航空公司都不飞，你飞了，有刚性需求的客户会怎么选择？肯定是哪家飞找哪家嘛。所以，还会有一部分的机会收入。考虑这些之后，预计的亏损没有那么大，甚至小有盈余（见表10-3）。再加上争取市场机会，配合政府恢复生产等的要求，厦门航空勇敢地起飞了。而结果也是令人欣喜的。政府不仅取消了基建基金，降低了起降费，并且根据飞机飞行情况给予补贴。厦门航空在保住市场机会的同时也赢得了声誉。

表 10-3　航空公司是否取消航线的相关成本分析

	比原来正常航班	备注
航班收入	减少 5 万元	实际执行后，可能出现改签的额外收入
减：变动成本		
航班起降费		经政策调整下降了
燃油费	减少 1 万元	
顾客服务费		
飞机维修费	减少 2 万元	当前无须支付
机组飞行小时费等	减少 1.6 万元	执行后员工无须另外在模拟机上训练
民航基建基金	减少 0.5 万元	政策给予了免除
贡献毛益	至少增加 0.1 万元	
减：固定成本		
飞机租赁费	不变	不相关成本，不考虑
日常人力成本等	不变	不相关成本，不考虑
航班经营利润		
政府飞行补贴		2022 年政府给予执飞补贴

　　总结一下，考察产品或部门是否盈利，以便停止亏损产品或部门时，不能直接看经营利润，而是要看贡献毛益（相关收入 – 相关变动成本）。如果无法带来贡献毛益，那么可以考虑关停该部门；如果有贡献毛益，则看看相关固定成本再做决策。

网红奶茶店鹿角巷的关闭

鹿角巷创立于 2014 年，2018 年 4 月深圳首家门店开张，只卖黑糖鹿丸鲜奶。当时场面极其火爆，需要排队 5 小时才能买到，且每人限购两杯。小红书上关于该店的分享笔记就有 7000 多条。然而仅仅经营了 15 个多月，这家网红奶茶店就挂起了旺铺招租的牌子。一时间，人们纷纷议论"门店倒闭，顶不住了"。这到底是怎么回事呢？

我们结合部门损益表的几个利润和成本指标的关系展开推理分析。

关注哪些利润指标

首先，是部门经营利润出现负数了吗？有可能。

部门经营利润 = 部门毛利 – 分摊的总部费用

如果关闭门店，公司整体的经营利润是否能得到改善呢？

这家店是由知名插画师邱茂庭创立的，总部做统一的品牌设计、质量管理、宣传等。这些工作不会因为一家门店的关闭而停止，不论该门店是否停业，总部费用照常发生。该门店分摊的总部费用，每月约为 2 万元，将由其他仍继续营业的门店来分摊。这是不相关成本，决策中不需要考虑。

我们应该关注的是**部门毛利是否出现负数**。

部门毛利 = 贡献毛益 − 部门固定成本

这个指标出现负数，有两种可能：一是贡献毛益为正，但不足以弥补固定成本；二是贡献毛益为负，再扣减固定成本，进一步亏损。

这家鹿角巷，出现的是第二种情况吗？

奶茶一杯 25 元，扣除原料成本和其他变动成本，形成贡献毛益。销量越大，贡献毛益总额越大。关门的只是一家门店。而 2018 年 7 月，公司在中国大陆的正版直营店才 11 家，山寨店已达 500 家。为了抵御山寨店对其市场份额和品牌的侵蚀，总部快速扩张，2 个月就推出 50 家门店。可以推断，其未来创造贡献毛益的能力还是很强的。

如果是这样的话，那就是第一种情况了，即**贡献毛益为正，但不足以弥补固定成本**。

关注哪些固定成本

这时候，有哪些固定成本成为门店"不能承受之重"呢？

门店的水电工资等固定成本？这些成本一般金额不大，费用占比不高。一家生意兴隆的店，不该赚不出这部分钱来。

门店的装修费？设备费？鹿角巷的门店装修别具一格——鹿头 logo（标志），黑色砖墙，木纹设计——这些是吸引消费者打卡的重要因素。装修成本要好几万元。另外，店里要购买冰柜等设备，这项支出也不小。不过这些在开业时就已支出，之后只是在编制财务报表时表现为摊销或折旧（假设每月1万元），不需要支付现金；停业与否也不会改变它的发生。这些开支属于**沉没成本**，不相关，不需要考虑。

那是什么成本重呢？对了，是**房租**！

深圳海岸城店为城市合伙人所开，商铺合同签约时间不长，合同到期后房东涨了店租，涨到多少呢？25万元一个月。奶茶一杯25元，假设单位贡献毛益是5元吧，那么要每月要卖出5万（25万元/5元）杯才能把房租赚回来。假设一个月开业25天，每天要卖出2000（5万元/25元）杯。这基本上就是门店每天能生产出来的奶茶数量了。

鹿角巷招牌产品是用黑糖、牛奶现熬的，而且规定原料应在两小时内用完，超时就要扔掉。这就限制了每天的出产量。所以，尽管需求很大，但是总的贡献毛益无法无限增长。

根据上述分析，我们可以简单推出部门停业与否决策的相关月损益表（见表10-4）。

表10-4 停业与否的相关月损益表

项目	继续经营	停业	差别成本/相关成本
部门贡献毛益	25元×20%×5万杯 =25万元	0	-25万元（相关）
减：可控固定成本	2万元	0	-2万元（相关）
折旧费/摊销	1万元	1万元	0（不相关）
房租	25万元	0	-25万元（相关）
部门毛利	-3万元	-1万元	2万元（相关）

　　房租那么高，等于门店每天赚的钱都给了房东，而门店自身的固定成本，仍没有办法得到补偿。所以，合伙人不想做了，而总部也支持了门店的意见。一旦停业，部门贡献毛益减少25万元，但是相关成本可以减少27万元，门店亏损减少2万元，公司减少亏损2万元，业绩将得到改善。

　　一家奶茶店虽然关闭了，但因为未来仍有持续创造贡献毛益的潜力，其他的门店还在经营。如果未来公司创造贡献毛益的能力下降，那么，停业将是长期的。

　　总结一下，分部亏损是否要停业，关键不是看部门经营利润，而是看部门贡献毛益。分摊的总部费用为不相关成本，不需要考虑。当部门毛利为负数时，门店经营亏损。如果亏损是由于贡献毛益为负数造成的，那么可以考虑停业。如果贡献毛益为正数，则还应该考虑固定成本是否相关。如果扣除了相关固定成本仍为负数，那么这家店就该考虑停业了。

　　思考题：便利店遍布上海的各个小区。这些便利店换了又换，有新开的，也有关门的。什么情况下需要考虑关闭门店？关闭门店后总部又如何使自己经营获利？

停业后如何体面退出

沃尔玛是最早一批进入中国市场的大型超市之一。然而，从 2016 年起，这家以平价出名的大超市，开始陆续关闭其在许多城市的大卖场。2016 年关闭 13 家门店，2017 年关闭 24 家，2018 年关闭 21 家。关闭的原因很直接——亏损了。

由于电商在中国的迅速发展，传统的大型超市不再受广大消费者的青睐。客流的下降，直接导致了销售收入的减少，而人力成本、水电、促销费用持续高涨，也使贡献毛益率不断下降。在二者共同作用下，贡献毛益总额减少。而大卖场之大，意味着其固定成本也比较高，失去了贡献毛益的支持，亏损是必然的。未来的沃尔玛将配合新零售，与电商合作，耕耘线上线下相结合的门店。

停业不是简单的关门，需要妥善处理，过程中还会有相关成本产生。以下几点都可能对停业决策的相关成本产生影响，甚至产生战略影响，企业应该在成本分析中加以考虑。

第一，对公司整体销售收入的影响。

关闭一家门店，原来的顾客会流失，有的可能转投竞争对手，有的可能会分流到同城其他门店。流失的顾客带走了贡献毛益，而分流顾客会转增其他门店的贡献毛益。

假设前述奶茶店关闭后，有 20% 的客户转向其他门店，那么减少的贡献毛益是 20（25 万元 ×80%）万元，而不是 25 万元。当然，如果门店是因为质量问题关闭的，那么不仅该门店原来的贡献毛益无法实现，其他门店的贡献毛益也会因受到冲击而减少。这时候减少的贡献毛益会比关闭的门店自身的贡献毛益大，即超过25万元。

网红店如果直接停业但不对原因做说明，容易引发消费者猜疑，一旦传言多了，就会对企业形成负面影响，影响现有的其他门店销售，影响未来门店的扩张，所以公司需要出面解释。

第二，对停业部门员工的安置。

停业，意味着需要将员工转岗或遣散。遣散需要按国家劳动法的相关规定支付补偿金。这是停业决策的相关成本，也需要加以考虑。假设关闭奶茶店给员工支付了2万元的遣散费，那么这个成本需要计入停业相关成本。

第三，对在岗员工士气的影响。

一个部门裁员容易造成其他部门员工恐慌，担心被裁是早晚的事，于是员工在工作上不再认真，甚至可能提前给自己找出路，损害公司利益。

第四，对现有设备的处理。

在停业与否决策中，设备属于不相关成本，不需要考虑。不过这部分设备如果合理安排，可以减少公司的成本，如将设备变卖或者转移到即将新开的店中继续使用，减少新店开张的成本，这些都可以成为**相关收入**。假设奶茶店关闭时，现有的设备可以被转移到新店使用，这就可以减少新店的开张成本

（如 1 万元）。

考虑了停业时的安置、设备带来的相关收入和成本，我们需要对上文的损益表做修订。如果安置得当，门店停业可以使公司的业绩改善 6 万元（见表 10-5），所以停业是比较可行的决策。

表 10-5　闭店的相关成本分析

未考虑安置设备的公司业绩改进量	2 万元
加：分流多获得的贡献毛益	5 万元
减：员工安置成本	2 万元
加：设备抵支出	1 万元
合计	6 万元

总结一下，停业不是简单的关门。客户关系要维护，员工要安置，员工士气要考虑，现有设备要处理。这些都可能对停业决策的相关成本产生影响，甚至产生战略影响，企业应该在成本分析中多加考虑。

─── 小结 ──────────────────────

关闭亏损部门有妙招

- 进行是否关闭亏损部门的决策时，常犯的错误是把沉没成本和分摊的总部费用当作相关成本，以为停业可以减少这些成本，从而改善业绩。实际上，在做停业与否的决策时，关注的应该是部门毛利。

- 一般情况下，如果存在贡献毛益，那么继续经营可以为公司的成本补偿做贡献。但是，如果贡献毛益不足或下降，那么停业可以及时止损。
- 决定停业也要做好善后工作，包括注意对顾客的引导和分流，对员工的妥善安置以及对现有设备的再利用等。这些措施可能引起相关成本发生改变，需要多加考虑。

第十一讲 ｜ 长期投资决策：河的源头决定整条河的走向

前几讲谈到人生道路选择的决策，时间跨度长于一年，本质上属于长期决策。要更准确地分析，需要应用长期投资决策的专门分析指标。河流的源头深藏大地，决定了整条河的走向和性质。类似地，一家企业的长期投资决策犹如河之源头，影响着企业的发展道路与方向。长期投资决策，指付出的支出需要长于一个经营周期或一年才能收回的项目的决策。通过本讲的学习，你将了解货币时间价值的概念，并能够将其用于长期投资决策分析中。你也将学会将这种概念用于人生的选择之中，使决策的效益分析更为准确。

本讲关键词： 长期投资决策、投资回收期、投资回报率、净现值、净现值率、货币时间价值、资金占用成本、贴现

长期投资决策的分析指标

长期投资决策，涉及从资金投出到资金收回时间跨度超过一年或一个经营周期的项目。对这类项目进行盈亏分析，需要将所得与所失对比，分析投资收益。

常见的分析指标有：**投资回收期、投资回报率、净现值、净现值率**等。

投资回收期，指的是投资项目投产后，获得的现金收入总额，达到该投资项目投入的资金总额所需要的时间（年限）。回收期低于标准年限，方案可行；高于标准年限，方案不可行。该指标简单明了，一定程度上反映了项目风险。回收期越短，方案风险越低。

投资回报率，是投资项目完工投产后，一个正常年份的年净收益总额与项目投资总额的比率。

投资回报率 = 项目年平均利润 / 项目投资额

投资回报率是评价投资方案盈利能力的静态指标，反映的是单位投资每年所创造的年净收益额。投资回报率高于所要求的最低回报率，方案可行。该指标简单明了，在实践中常用，并且作为相对指标，其便于对不同规模的投资进行对比分析。

但是，从项目投资开始，到项目资金回收，跨越多年。货币经历一定时间的投资和再投资，价值会增加，即存在**货币时**

间价值。资金占用时间长，存在着机会成本即**资金占用成本**，也就是资金的隐含成本。

考虑货币时间价值，通常采用净现值、净现值率指标对项目盈利性做分析。这两个指标，被称为动态指标，是相对于不考虑货币时间价值的静态指标而言的。

净现值是把项目在整个寿命期内的净现金流量，按预定的**贴现率**全部换算为等值的现值之和。净现值之和亦等于所有现金流入的现值与所有现金流出的现值的代数和。

净现值本质上是项目的所有收入与所有成本的对比分析，只是这些收入和成本都需要折算为同一个时点的价值，这种折算，采用的是**贴现**的方法。

净现值可以衡量项目的实际盈利能力。

净现值＞0，项目预期回报高于项目资金成本，可行。

净现值＜0，项目预期回报低于资金成本，不可行。

不过，规模不同的项目可能不太好直接比较。如果资金有限，那么可以通过另一个指标——净现值率来分析。**净现值率**是指项目净现值与原始投资现值的比率。净现值率大于1，方案可行；小于1，方案不可行。此外，净现值率小，单位投资的收益就低；净现值率大，单位投资的收益就高。

《流浪地球》的投资人赚了多少钱

2019 年的春节，科幻大片《流浪地球》上映不久，就开创了票房传奇。上映 11 天取得约 33 亿元的票房。档期结束时内地锁定的票房约为 46.55 亿元。这部电影，总投资额约为 5.3 亿元，是由中国电影股份有限公司、北京京西文化旅游股份有限公司、北京登峰国际文化传播有限公司等 9 家公司共同出品的。将近 50 亿元的票房，投资方赚了多少？

按照中国电影的票房分账惯例，票房收入扣除 5% 的电影事业专项基金，营业税 3.3%，剩下的 91.7% 为可分账票房，其中影院拿走 52.3%，发行方拿走 8.7%，投资方可以获得 39%。在导演和主演不参与分红的情况下，发行商的贡献毛益率相当于 35.763%（39%×91.7%）。

静态投资指标的分析

投资方可分得的票房约为 46.55×39%×91.7%=16.65 亿元，扣除投资成本 5.3 亿元，利润约为 11.35 亿元，**投资回报率**约为 11.35/5.3×100%=214%。

这个回报率相当可观了。不过，这样算不能完整反映电影的盈利性。中影股份从 2014 年开始纳入预算，决定拍摄该片，到最终制作完成实现放映，经历了 5 年的时间。资金投出到收回，**投资回收期**是 5 年。如果算 5 年的平均利润，是每

年 2.27 亿元（11.35/5）的利润，换算成**年投资回报率**是 42.8%
（2.27/5.3×100%），还是不错的。不过，这其实不能准确反映
真实盈利水平。因为 5.3 亿元的投资，不是在 2014 年一次性投
入的。

动态投资指标的分析

2014 年的预算制作费为 5000 万美元（约 3.5 亿元人民币），
制作过程中费用不断超支，2016 年引入投资方北京文化，其注
入 10 750 万元，原来的投资方之一万达股份见投资回收期较长，
中途撤资。之后，导演自己出资 3000 万元，影片中的一位演员
2018 年投资 6000 万元。这位演员的投资在 2019 年年初就收回
了，投资回收期只有一年。

由于投资资金分几年陆续到位，要想准确反映盈利性，我
们需要将各年的投资支出**贴现**，都换算为 2014 年初的货币价值。
具体地说，就是要先选定一个贴现率，假设是 10%，然后将各
个年份的投资换算为现值。

假设 2014 年支出 2 亿元，2016 年 2 亿元，而 2018 年支出
1.3 亿元，那么，换算成 2014 年初的投资支出为：$\dfrac{2}{1.1} + \dfrac{2}{1.1^3} + \dfrac{1.3}{1.1^5}$ =4.13（亿元）。

票房收入是在 2019 年初实现的，投资方分得的 16.65 亿元
折算为 2014 年初的价值为 10.33 亿元。因此，项目净现值为

10.33-4.13=6.2 亿元。这个指标表明，投资人的资金所获得的回报，超过了资金的机会成本 10%，投资人的眼光不错，投资成功了！

小成本电影的投资分析

科幻题材影片的制作费高，成本高。投资这类影片风险很大。中影的投资经过 5 年才收回。

曾经还有一名演员为《疯狂的石头》投资 300 万元，该影片最终赢得了 3000 万元的高票房。迄今为止它还是电影界小成本电影最成功的案例之一，被称为国产电影里程碑。

如果算**投资回报率**，利润是 3000×35.763%-300=772.89 万元，除以投资额 300 万元，投资回报率为 257.6%，远高于《流浪地球》。而且，小成本电影的制作周期短，基本上当年投入当年回收，所以**投资回收期**是一年。

如果计算净现值，投资一年后收回，则为 3000×35.763%/1.1-300=675.35 万元。

从绝对值看，《流浪地球》的大制作大收益碾压小成本电影；但是，改用相对指标**净现值率**看，则如下所示。

《流浪地球》：6.2/4.13=1.5

《疯狂的石头》：675.35/300=2.25

若从每一元投资所带来的效益看，则《疯狂的石头》的性价比更好些。通常当资金有限时，投资方更愿意把钱放在前景可见、制作周期短、风险低的小成本电影上。

总结一下，投资决策，可以通过**静态指标分析**，也可以通过**动态指标分析**。**投资回收期**可以反映项目的风险，回收期越短，风险越小。而**投资回报率**指标可以直观反映项目投入和产出的对比关系，但不能反映货币时间价值，不能体现不同方案投资时间上的资金成本，不能反映企业的真实盈利能力。

利用**净现值**可以分析长期投资项目盈利性。对投资规模不同的项目进行效益对比时，可以通过**净现值率**指标。它体现每一元投资的收益，既考虑了货币时间价值，又解决了规模不同项目的对比难题。

思考题：好的电影有好的票房。大制片有高票房，小成本电影也可能获得高票房。如果你是投资人，你会选择投资什么样的电影？为什么？

买电动汽车还是燃油车

当前国家鼓励新能源汽车上路。如果你想买车，你是会买电动汽车（简称"电车"）还是买燃油车（简称"油车"）呢？从费用的角度来说，电车整体更贵，而且使用条件相比油车更加苛刻一点，容易产生续航焦虑，但是日常花销、保养维护的费用比较少；油车的优势则是配套足够发达，没有续航焦虑，但是日常的油费和维修保养费用，显然会更高一点。高价买电车和低价买油车并用差价加油，哪个更省钱呢？

我们需要算下账。

纯电车型比亚迪海豹电动汽车为 20 万元左右，本田飞度 2023 款 1.5L CVT 潮越 Max 版约为 10 万元，电动车价格比油车高出约 10 万元。

能源消耗方面，如果都是普通家用车，油车的话，一公里油费大概是 6 角；电车的话，按照电耗 15 度、每度电 7 角左右算，一公里大概 1 角，开电车比较省钱。至于保养费，电车保养费低于油车，但这里我们先暂时不考虑。

如果按照每年开 2 万公里算，开电车每年能省 1 万元（0.5 元 / 公里 ×20 000 公里），开上 10 年能把多花的购车钱赚回来。这样算好像电车确实更省钱。不过，这需要 10 年啊，货币的时间价值又怎么算呢？你现在多花的 10 万元，如果不花出去，先存下来，然后再每年掏 1 万元，那可是会有利息收入的呢。所以，未来每年 1 万元，10 年的现值肯定比 10 万元要少。也就是说，买电车回本的时间一定是长于 10 年的。具体是多少，我们需要用贴现方法来计算。

不考虑货币时间价值的分析模型如下：运行费用差价 × 年行驶里程 × 年份（N）= 两款车的差价。这和我们之前说的自助餐年金的分析模型是相似的。

如果要考虑货币时间价值，每年省 1 万元，假设贴现率是 5%，那么公式就变成：$0.5 \times 2 \times (P/A, 5\%, N)$[①]=10 万元（两款车的差价）。

年金现值公式比较复杂，没关系，我们直接查年金现值系数表。14 年的现值系数约为 9.989，15 年的系数为 10.379。电车省下来的行驶成本能够弥补其多出价款的时间是 14 年多一点。

好吧，买电车省下的油钱划算吗？车的寿命有那么长吗？保养得好的话，电车寿命是 3 ~ 5 年；保养不好，还要更短。油车呢？家用车的引导报废里程是 60 万公里，按每年 2 万公里行驶里程算，理论上可以行驶 30 年。

从经济账上看，买电车省油费但是费车钱，不划算。

不过，决策不光是算经济账，还有其他的因素要考虑。

首先，国家鼓励新能源汽车，购买电车给予补贴或是减免车辆购置税，这个可能省下 3 万元左右，并且多数地区电车不限牌、不限行。而许多大城市油车限牌呀，如果竞拍取得牌照，也得花好几万元吧。2022 年深圳的牌照的最低实际成交价约为 4 万元，把这些考虑进来的话，买电动车的价款可能没有超出油车，再加上行驶费用上的节约，优势就出来了。

其次，电车的性能正不断提升——智能化、网联化水平逐步提升且能远程自动升级，具有自动驾驶、加速操控、充电体

---

① 括号内为年金现值系数，P 是现值，A 是年金，5% 是利率，N 是年限。

验等方面的优势。在能有固定充电桩，用车基本上是城内代步或者中短途出行的情况下，电动车还是有优势的，既符合国家环保要求，又省钱，还能提升驾驶体验。

　　总结一下，从资金投入到回收，时间长于一年的决策属于长期投资决策。成本效益分析可以采用投资回收期等静态指标，**但一般需要考虑货币时间价值**，采用动态指标加以分析。另外，战略因素可能无法在成本效益分析中体现，但我们在决策时必须加以考虑。

> 思考题：如果你是网约车车主，你会买电车还是油车来经营？

—　小结

货币时间价值不容小觑

- 长期投资决策的评价指标，包括投资回收期、投资回报率、净现值、净现值率等。
- 投资回收期可以评价项目的风险，回收期越短，风险越小。
- 单位投资每年所创造的年净收益额，即投资回报率，高于所要求的最低回报率，方案可行。
- 考虑货币时间价值时，需要采用动态指标加以分析。

- 净现值是把项目在整个寿命期内的净现金流量，按预定的贴现率全部换算为等值的现值之和。净现值大于零，方案可行。
- 净现值率是指项目净现值与原始投资现值的比率。净现值率大于 1，方案可行。净现值率小，单位投资的收益就低；净现值率大，单位投资的收益就高。

第四篇

不以规矩，不能成方圆

好的决策不一定都能成功。决策需要好的执行力。一个和尚挑水吃，两个和尚抬水吃，三个和尚无水吃。在三人成众的社会组织里，决策执行落地，需要有规矩。本篇讲述责任会计，即如何用规矩约束和激励团队成员。

第十二讲 ┃ 责任制：如何好用又落地

"东郊路上的大坑，处在两区交界处，归七八个部门管。半年都没修。"这是 2023 年春晚小品《坑》让我们看到的场景。一些问题的背后往往是权责不清，本讲讲述责任会计的设计，通过本讲的学习，你将学会权责利原则，同时学会分权管理下如何通过责任会计来实现组织的目标。你也能学着利用责任会计原理，去观察现实世界公共管理背后的逻辑，为社会进步做贡献。

本讲关键词： 分权管理、管理控制、责任会计、权责利原则、目标一致性原则、可控原则

管理控制与责任会计

管理的核心是管人。组织规模扩大后，企业高层管理者既不可能了解全部的生产经营活动细节，也不可能为基层经理人员做出所有的决策。因此，**分权管理**产生了，即将决策权随着相应责任下放给基层经理人员。决策之后，需要执行。在执行阶段，管理会计通过控制来保证组织目标的实现。

管理控制，就是管理者对组织成员施加影响，以有效实施企业战略的过程。为了便于实施控制，企业将组织单元设置为责任中心，从而产生了服务于管理控制的管理会计，即**责任会计**。责任会计是指为适应企业内部经济责任制的要求，对企业内部各责任中心的经济业务进行规划与控制，以实现业绩考核与评价的一种会计控制制度。

推行责任会计，需要考虑以下三个原则。

第一，权责利统一原则。

权责利统一原则是指管理过程中的权力、责任、利益既结合又统一的管理方式与过程。权力与管理紧密相关；责任既是实行权力的过程，又是管理的过程；利益是权力的结果，也是管理的结果。不应该有无责任的权力，也不应该有无权力的责任；不应该有无权无责的利益，也不应该有无利益的权力和责任。这既是管理的原则，也是责任会计设置的原则。

第二，目标一致性原则。

人们追求其个人利益采取的行动，可能与组织的目标不一致，即产生目标冲突。个人希望获得较高的报酬，而企业出于保持盈利能力的考虑，不可能无限制地支付高薪。有效的责任会计系统应能促进二者利益的统一，即目标一致性。个体追求自身利益最大化时所采取的行动，同时也应符合组织的利益。

第三，可控原则。

责任只能归属于能对其施加重大影响的责任中心的管理者。在计量责任中心管理者的责任时，不应当包含不可控制的因素，或者应在其业绩报告中明确区分可控和不可控项目。

怎样才能执行管理者的决策，实现组织的目标呢？

催账这活儿该是谁的，财务部还是业务部

如归酒店是总店下的一家分店，独立自主经营，独立核算，不过无独立法人地位，一些大事要总公司把关。新上任的于总最近有点烦，在周一的晨会上，中层经理吵开了。采购部抱怨说，财务部老不给供应商结款；财务部跳出来说，没有钱结什么款。客房部说，我们这几月忙死了，客房全满，怎么会没钱？

财务部说：销售部只管销售不管收款，收入是不少，就是现金收不回来。销售部都不去催账。

销售部：财务部不是管钱的吗？不该你们去催？

财务部：客户都是你们联系来的，我们连联系方式都没有。奖金提成是你们销售部拿的，还要我们催账？

销售部：客户回款不都是直接到公司户头的吗？欠多少钱，欠了多久，我们哪里知道？怎么催？！

于总只好调停，说是调查了解后讨论解决方案。调查中于总发现，酒店虽然分了销售部、采购部、客房部、餐饮部、管理部（办公室、财务室）等，但是分工不太明确，除了催款问题，对有些业务员工互相推诿。比如说，前台收银业务算谁的，财务部还是业务部？每天采购到的食材，是采购员验收，还是后厨验收？另外，他和财务部要了之前的账来看，发现只有全公司的一张损益表，收入包含了客房和餐饮收入，而成本就只算食材成本，其他费用都归入期间费用了。这可真是两眼一抹黑呀。

催账，到底是财务部的工作，还是业务部的工作呢？按照权责利一致的原则，我们先考察账款是如何产生的。账款是由客户未及时还款造成的。客户是谁找的？销售人员。决定与谁做生意的，是销售人员，权力在销售部门。那么利益呢？销售收入提成给了销售人员，没有给财务人员。这么一来，比较合适的可能还是应该在销售部。毕竟这属于一线业务部门，与客户有直接联系。那么，销售部不了解欠款情况怎么办？财务部属于后台支持部门，要给业务部门提供支持。例如，定期提供客户应收款的欠款信息，提供催款对账信息，和销售部核对客户账户款项及核销信息等。当然，如果可能，在销售合同签订之前，财务部应协助业务人员审核客户信用，审核合同的相关财务条款等，这样有助于减少后续的风险。催账属于业财融合范畴，既需要信息系统的支持，又需要财务组织的跟进配合。不过，财务干好干坏，业务部门说了不算，主要是总经理说了算。看来，得和财务提提业财融合、促进组织目标一致性了。

　　当然了，鉴于酒店的当前情况，可以建立部门责任制、岗位责任制，明确部门岗位的职责和奖励机制。而会计报表上，也需要做出调整，建立分部门的管理损益表。于总要求财务部更新系统，做出能区分部门业绩的管理报表来，要能区分客房部和餐饮部的不同贡献，并区分经理可控和不可控的费用；至于公司管理部门的费用，那属于公共费用，不是各部门所控制的，应在部门贡献合计下扣除。于是财务部给了新的损益表（见表12-1）。

表 12-1　部门损益表

	餐饮部	客房部	合计
经营收入	**	**	**
－ 变动性经营成本（可控变动成本）	**	**	**
部门贡献毛益	**—	**—	**—
－ 经理可控固定成本	**	**	**

（续表）

	餐饮部	客房部	合计
部门可控利润	**	**	**
− 经理不可控固定成本	**	**	**
部门经营利润	**	**	**
− 公司费用	**	**	**
公司经营利润	**	**	**

　　固定成本进一步区分为经理可控和不可控的成本，这贯彻的是**可控原则**，体现经理的权力对业绩的影响，之后得到的是部门经营利润，各个部门就根据这个指标来考核。公司管理部门归总经理管，所以其费用就放在公司来扣除了（当然也可以按照一定的标准来分摊到部门，参见第四讲），最后得到的是公司经营利润，上报总公司，这是于总要负责的。

　　还别说，第一个月报告出来之后，各个部门经营状况如何，一目了然了。

　　总结一下，在经营过程中，一项业务可能涉及多个部门，如果责任不清，容易出现互相推诿的现象。划分责任，要考虑权责利统一。另外，有别于传统报表，经营报表应分别反映部门可控利润和部门经营利润。

海尔的自主经营体和战略损益表

　　常有消费者抱怨新买的电器反复故障，店家只修不换。其实这背后不仅有产品质量问题，还可能有决策权分配的问题。传统的组织结构是科层式的，自上而下，权利责任由上而下逐层传导，层级越低，权力越小，一线员工可能根本就没有权力同意退货，只按上级领导的要求办事。而上级呢，不见得了解一线生产工艺过程的可能缺陷，对产品质量水平估计不足，未给一线员工提供退换货选项。结果很容易引起消费者的不满。海尔的组织结构是倒三角形的以顾客为核心，也以自主经营体为核心。

自主经营体

海尔集团自 2002 年起提出"人人当老板"的口号，开创了自主经营体模式，即在公司内部设立自主经营、自负盈亏、按绩效获得收益分配的最小核算单位，让员工拥有公司资源，自行面对市场并创造价值。

所谓自主经营体，指承接企业战略目标，有着明确客户价值主张，可以端到端全流程满足用户需求，并可以独立核算、共赢共享的经营团队。自主经营体是自主经营、自主运转、自主创新的内部组织。自主经营体内部涵盖各类职位人员，不同部门人员组成了一个个自主经营体。该经营体能独立核算、独立经营决策，快速适应市场变化，独立面对市场并创造用户价值。

自主经营体是"人单合一"双赢模式下企业的基本创新单

元。自主经营体与合作方、交互用户共同组成价值共创、风险
共担、按单聚散的虚拟组织，海尔称之为利益共同体。其类型
又细分为一线经营体、平台经营体和战略经营体。一线经营体，
也称一级经营体，直接面向市场；平台经营体，也称二级经营
体，则包括财务、战略、人力资源等平台型职能单位；战略经
营体，也称三级经营体，为集团的最高决策者。三种经营体各
自定位不同，依靠契约实现价值和资源协同，其各自的主要职
责如表 12-2 所示。

表 12-2　三种经营体的区别

经营体类型	主要角色和职责
一线经营体（一级经营体）	识别、创造用户个性化需求 满足用户价值 评价二级经营体
平台经营体（二级经营体）	提供即时资源 支持并融入一线经营体 关闭一级经营体的业绩差距 评价三级经营体
战略经营体（三级经营体）	坚持战略定位 发现并创造新机会 关闭二级经营体的业绩差距 自主经营体的升级换代

资料来源：曹仰锋. 海尔转型：人人都是 CEO. 北京：中信出版集团，2014.

从管理角度看，海尔对自主经营体实现了全面的放权。自
主经营体拥有现场决策权、自主用人权和自主分配权。现场决
策权指自主经营体可以决定自身的经营，可以自己决策生产、

销售等事务。自主用人权指自主经营体可以自主决定人员的使用与安排，自主经营体可以通过对市场需求的分析，准确安排人员，并调整自主经营体的人员结构，精准快速地适应市场的变化，更好地满足用户的需求；自主分配权指自主经营体缴纳事先规定好的企业利润后，剩下的收入超过经营费用的部分即可自主决定分配，该分配权对于激发自主经营体的工作热情以及自主性非常重要。当权责利统一时，放权可以激发员工积极性，让集团获得更多收益。

自主经营体的管理会计体系

从会计角度看，自主经营体是一个功能齐全的独立核算中心，类似于集供产销及配套相关职能于一体的组织形式。为了促进自主经营体创造价值，会计核算就需要建立相应的管理会计报表。海尔采用战略损益表、日清表、人单酬表三者结合的方式来对自主经营体及其员工的绩效进行考核评价。这三张报表更好地体现了自主经营体以客户需求为中心的"人单合一"思想。

战略损益表更多地作为思维工具被使用，其中包括四象限内容：第一象限是用户资源，第二象限是人力资源，第三象限是流程，第四象限是闭环优化。这张报表可以促进自主经营体思考什么是用户价值、如何创造价值、如何落实到位并及时纠偏，如何评价和分配等。

日清表则对海尔每个自主经营体每天的经营绩效加以反映，其任务是关闭业务执行结果与目标的差距，根据关闭差距的工作形成每天的预算，持续改进绩效。

人单酬表是指各员工的薪酬获得表，不同的目标完成情况对应不同的薪酬等级。后两张表的逻辑体现在战略损益表中。三张表的关系如表 12-3 所示。

表 12-3　战略损益表、日清表与人单酬表的关系

报表名称	主要作用
战略损益表	纲，决定战略方向 以顾客为中心 反映顾客价值的损益
日清表	行，战略执行与纠偏 以全面预算（161 日清）为核心 反映战略目标执行情况
人单酬表	果，决定报酬 以员工为中心 反映员工的价值分配情况

总结一下，管理讲求权责利一致，实施分权管理的组织，可将职责分解。责任可以划分到职能部门，也可以划分到跨部门的团队中，还可以分解到更底层的单元甚至个人身上。

管理会计工具充分应用权责利统一、目标一致性等原则，灵活设置责任会计，促进组织目标实现。

思考题：北京市通州区潞城镇在美丽乡村建设过程中，推行环境卫生村民自治，做出了门前三包、街巷长考核打分、用文明分在村内兑换所需服务等创新举措，村内环境卫生长效管护机制日渐完善。如何从责任会计角度看待这些措施？

── 小结 ──

责任会计可以这样设计

- 在复杂组织里，管理层级比较多，需要实施分权管理。为了保证决策的有效执行，组织需要进行管理控制。责任会计将组织单元设置为责任中心，对责任中心的经营业务进行规划与控制，以实现业绩考核与评价。

- 责任会计的设计，必须考虑权责利统一原则、目标一致性原则和可控原则。若设计得当，责任单位的行为将得到有效控制，使组织目标得以实现。

第十三讲 ┃ 激励机制设计：分好蛋糕

当"干好干坏一个样"时，很容易滋生"多做多错，少做少错，不做不错"的思想。改变可以从激励机制设计入手。本讲讲述责任中心的应用。通过本讲学习，你将学会转移定价工具，并掌握责任中心业绩评价的方法。你也将学会如何将这些工具用于分权单位的管理之中，提高组织的执行效果。

> **本讲关键词：** 责任中心、成本中心、费用中心、收入中心、利润中心、投资中心、转移定价、激励

责任中心的业绩评价与转移定价

在分权经营时，可将工作单元划分为各**责任中心**。责任中心是指有一个或者多个明确的任务，任务结果可以计量，并有

专门管理者对结果负责的工作单元。按照不同部门管理者的权限，责任中心可以分为成本中心、费用中心、收入中心、利润中心、投资中心。对于责任中心的控制，包括分配责任、设定业绩指标、制定业绩标准和奖励。不同的责任中心，权力不同，责任不同，业绩考核的指标也不同。

成本中心，主要负责产品的投入决策，例如自制与外购决策。对成本负责，主要的业绩指标是成本，此外还需要结合非财务业绩指标对成本加以控制。

费用中心，有权决定投入的金额和数据，但是不能明确界定投入产出关系，其产出也无法以货币计量。比如：法律、会计、研究和开发、广告、营销，以及其他大部分的管理部门都可以被视为费用中心，通常以预算作为费用支出的上限。

收入中心，有权决定价格和销量，例如定价决策，对收入负责。主要的业绩指标是销售额、销售量等。

利润中心，部门经理人员同时拥有生产和销售的权力，对归属于本中心的收入和成本负责，采用不同的利润指标进行业绩评价。如第十讲中利用部门业绩报表判断是否关闭亏损部门。

投资中心，除了拥有利润中心的权力，还拥有投资决策权。这是最高的责任中心，具有最大的决策权，承担着最大的责任。业绩考核，需要评价投资的效率和效果，以及投入产出的关系。主要的业绩评价指标有第十一讲提到的投资回报率等。

设立责任中心后，各个责任中心之间在相互转移产品或服务、资金时，需要算账，所用的内部结算价格，被称为**转移价格**（也叫**内部转移价格**）。

确定转移价格的过程称为**转移定价**。利用该机制，可以实现对部门的业绩评价，保留部门的自主权并实现公司利益的最大化。转移定价方法包括以成本为基础的定价模式、以市价为基础的定价模式、协商转移定价模式和双重转移定价模式。

在授权分配责任和确定业绩指标后，需要设定业绩目标，并将业绩目标融入预算中。**预算**是对特定期间财务资源和经营资源应用的详细计划，以数量和金额来表示。

预算执行情况通过管理会计报告来反映。企业根据业绩目标的完成情况，对责任中心和员工施以奖惩。将奖励措施与员工可以控制的工作结果相联系，可以起到**激励**作用。

酒店的内部结算问题

在如归酒店的场景中，涉及了责任会计的几个问题。

首先，酒店实施了责任制，确立了责任中心。在业务部门中，餐饮部和客房部被设置成利润中心，独立经营核算，部门经理要对部门利润负责。销售部门负责收入，被设置成了收入中心。其他部门，主要是管理部，被设置成费用中心。这是一种典型的三角形组织结构下的权利分配和责任中心设置。从上到下，权利下移。至于如何区分业务和职能部门，业务部门对利润负责，职能部门对费用负责，各部门拥有相应的权力。而于总所负责的分公司本身，要向总公司汇报，对利润负责，其本身就是一个利润中心。

如归酒店的于总给各个部门推行了责任制，效果好了许多。不过最近总公司派了个小李给他做总助，说是此人擅长外联，可以帮助拓展公司业务。可是，于总很快发现，他管不了小李。小李的编制和工资，都还留在总公司，她的工作是好是坏，于总说了不算，因为小李的考评不归于总管，他也没有给小李晋升或解雇的权力。

这周的例会上，新的问题出现了。原来，餐饮部和客房部独立核算损益，而餐饮部每天会为每间客房提供两份早餐券，但是没有单独收费。餐饮部要求给他们算这部分的餐费收入，不然食材消耗成本过高。

餐饮部还说："员工用餐，也是我们来承担的。这些都增加了我们的食材消耗，占用了我们的时间，也要算账啊。"

于总点头说："那确实是，我们可以内部确定个结算价格，从客房的房价收入中划一点餐费出来，结算给餐饮部。员工用餐也比照执行吧。员工算哪个部门的，餐费就从哪个部门收入里扣，或者算哪个部门的成本。"

财务部："这没有问题，就是餐费的价格要怎么定？"

餐饮部和客房部讨论了下，餐饮部说："市价 50 元，我们是兄弟部门，就算 30 元吧，收点成本回来。"

管理部笑："他们业务部门有收入，可以承担，员工餐费可不能这么算，我们本来餐标也没有那么高。"

餐饮部同意了，员工餐，就按食材成本和人工 10 元来算，但基本的荤素搭配要求要保障。

不过，不久后，客房部反馈住店客人有意见。在开具发票时，按照财务部要求，从房费里扣除餐费后的余额才开房费发票，餐费单独开。有的客人说，自己交的是房费，没有用餐凭什么发票要扣餐费？有的说，凭什么一个人住店扣的和两个人住店扣的都一样，都是 30 元？

在新一周的例会上，这个问题被拿出来讨论了。财务部说："这是总公司要求的，我们发票是总公司统一管理，只好按要求执行。"客房部说："提供免费早餐是行业惯例，我们只卖房间不卖早餐。如果开发票要扣早餐费，那么客房里的一次性用品和免费矿泉水之类的，是不是也要扣啊？"

早餐按 30 元结算，只是公司内部的分账核算，对外也要这么结算吗？看来，分公司需要和总公司协调协调了。

另外，于总告诉业务部门："总公司派了个活，说有个大型会议，他们接待不了，要求我们支持。不过每间客房只能按300 元结算。"

客房部为难了："我们当前入住率在 70% 以上，挂在代理网站上的客房价格每间都要 800 元，还卖得不错。总公司

的生意以这么低的价格结算，我们太亏了。这年终业绩要怎么
算啊？"

　　于总答："总公司毕竟掌握我们太多的资源，这单也只好
接。算一下，我们还剩多少间客房呢？"

　　客房部："只有60间了。"

　　于总交代让财务部和客房部先测算下，按60间接这个业务
是否亏损；还有，总公司想要100间客房，看下能接受的价格
是多少，以便和总公司进一步谈判。至于谈判人选，于总准备
带上小李和财务经理一起去。

　　其次，责任中心相互提供劳务，内部结算，涉及转移定价
的问题。

　　如归酒店内部各部门的转移定价，主要是餐饮部为其他部
门提供餐饮服务的结算。根据不同情况，采用了不同的转移定
价模式。

　　为客房部提供早餐的结算价格50元为市场价格，客房部未
采纳，最后用的是30元，估计是包括直接材料、人工和制作费
用的完全成本，这可以看作是以完全成本为基础的转移定价。
当然，这里说的是转移定价的依据，30元实际上是两个部门协
商后的结果。

　　给各部门提供员工餐的结算价格，基本上就是以变动成本
为基础来确定了。

　　于总提到，总公司希望以每间 300 元的价格和分公司内部调配客房，近似于分公司向总公司销售客房。由于分公司独立核算，这就涉及其与总公司之间的客房内部结算，即关乎转移价格。怎么确定呢，需要区分情况分析。

　　当前的剩余客房只有 60 间，如果总公司只需要划转 60 间客房的话，那么，这部分客房基本上是属于剩余生产能力范畴的，按照特殊订单定价方式（参见第七讲），其价格只要在变动成本之上，那么分公司还是有利可图的。一间客房按每天 300 元计算，变动成本大约为 100 元，每间客房公司还能多获得 200 元的贡献毛益，所以还是可以接受的。

　　但是总公司想要的是 100 间客房，对于多出来的那 40 间的要求，分公司只有放弃当前放在代理商网上挂牌销售的那部分业务才能实现。

　　当前网上的价格是 800 元，扣除 100 元的变动成本，每转一间给总公司，分公司就会少赚 700 元；那么，接受这个订单的相关成本就是 700 元，加上 100 元的变动成本，内部结算价格至少要保持在 800 元，分公司才不赚不赔，即此时的转移定价，应当是市价 800 元。

　　其实，对于这种情况，可以利用最低转移定价公式来决策。

最低转移定价公式：相关成本 = 变动成本 + 机会成本

　　当存在剩余生产能力时，机会成本为零，最低转移定价等于变动成本 100 元，实际结算价格为 300 元，这业务还是可以接的。60 间可以多赚 60×200=12 000 元。

在超过剩余生产能力时，相关成本为 800（100+700）元，最低转移定价为 800 元，此时业务就不可行了。

向总公司调拨出这 40 间，公司的损失是 40×（800–300）= 20 000 元。

当然，也可以把前面 60 间的增量贡献和这 40 间的损失一起算，这 100 间客房给公司带来的损失合计是 8000 元。

总的来看比较亏，于总是可以拒绝的。不过，总公司毕竟是上级单位，他也只能靠协商，看是否能稍微提高下结算价格。

如果不得不接的话，那么他就只能在进行内部业绩考核、结算部门奖励的时候，把这部分损失作为不可控的费用单独剔除了。

最后，激励机制的设计问题。

于总作为分公司的总经理，其薪酬由岗位决定，他在分公司里面职位最高，起薪也最高。其个人奖金部分，需要根据分公司的经营业绩确定。不过，总公司并没有很具体地约定这个部分，基于行业惯例，于总将重点放在了收入和利润这两个方面。助理小李虽然算是于总的下属，但是于总对小李的薪酬业绩考评和奖励均无决定权。实际上，他很难对小李实现有效管理，常规控制手段是无效的。于总只能靠非物质激励来把控。比如说，让小李参与中层干部以上例会，参与重要谈判，等等。当然，前提是小李把分内的工作做好。至于餐饮部、客房部等业务部门的中层干部，在公司确定部门和岗位责任制后，他们的工作目标是很明确的。中层经理的年终奖取决于他们的业绩，于总提出方案并将其呈报总公司并执行。因此部门经理关注收入和成本，而他们的收入又主要来源于客户，所以积极反馈客户意见并希望得到改善也就是必然的了。

权责分明还需要将公司利益与个人薪酬挂钩，当公司整体效益提升时，水涨船高，个人也会获得利益，从而使公司目标与个人目标相一致。

总结一下，内部转移定价，是各个责任中心相互转移产品或劳务时用的结算价格，适用于组织内部。

应用内部转移定价，有助于计量各个责任中心的业绩。确定转移价格的过程应公平合理，避免主观随意性。

海尔自主经营体的激励机制

如上一讲所述，海尔的自主经营体是一个独立核算单位，充分放权。人们常说，一放就乱，但海尔为什么发展得很好？这背后就是控制在发挥作用了。

经营体的相互制约

海尔一级自主经营体本质上是利润中心，各级经营体之间存在相互制约的关系。在权力的分配上，科层组织一般从上而下，权力是逐渐缩小的，一级员工无决策权。海尔则是将权力最大化分散。以顾客为核心，由顾客对一级经营体做评价，一级员工为顾客创造价值，拥有决策权和评价权。一级的生产经营单位可以对二级经营体的财务和人力资源的支持服务做出评价，并影响二级经营体的报酬。二级经营体对一级经营体的绩效进行评价，并设法关闭一级经营体的业绩差距。二级经营体与一级经营体为协同倒逼关系。三级经营体需要为一级经营体和二级经营体提供资源，帮助前两者达成目标。

当产品质量出问题时，一级经营体要设法解决；解决不了，顾客不满意，经营体业绩将受影响。解决质量问题不能仅靠负责销售的经营体，问题可能出在生产的某道工序上，这时候，销售端变成了生产端的客户，倒逼生产端提高产品质量。一级经营体在改进业绩的过程中，可能需要二级经营体的会计部配合，它为一级经营体提供资金结算、账务核算等服务。此时的一级经营体就变成了二级经营体的顾客，倒逼二级经营体改进业绩。当然二级经营体也要帮助一级经营体跟踪业绩，发现差距，及时改进。三级经营体之间连线打通，三级融入二级，二级融入一级，一级与外部顾客融合，业财融合自然形成。其评价不是上级对下级的评价，而是以顾客为中心、以顾客为主导的评价。

"人单合一"的激励机制

海尔实施"人单合一"，管理模式包括四个方面：战略目标、经营体、日清和人单酬。

战略目标的确定以用户为方向，经营体承接战略目标，经营体长通过抢单产生，并需要提出第一竞争力目标。161日清就是全面预算，精细到每日执行情况的预算。最后是人单酬，"人单合一"，人单酬挂定。

战略目标有预案，根据预案制定预算。通常预算是年度预算，制订的是一年的目标，之后一般就是按月执行，会计出部门损益报告，对照预算目标经营分析找差距，补短板提高，进入下月执行。海尔的预算执行，被称为"161"，按周滚动，挂定上周，计划6周，锁定本周。一级经营体要对上周执行目标和完成情况做评估，要预测未来6周的目标和任务，动态调整，并锁定下周的目标任务。到了上一级经营体，除了周预算，还要有月预算；对于整个集团，则需要有年预算。即根据职责范围不同，预算体系周期长短有差异。此外就是预酬了——海尔实行事前算盈的预酬制，起点为"单"，根据市场顾客需求和竞争对手情况制定目标并锁定。预酬让经营体知道其报酬目标和利益分享机制。

执行靠预算和日清：这是和全面预算管理相结合的运营管控体系。周预算为日清奠定了基础，每个自主经营体每天的完成情况都有记录，海尔通过日清找出差距并改进。

人单酬：这是以"单"为基础的报酬体系。"单"衡量的是员工为顾客创造的价值。以"单"来计酬，实际上是将员工（人）的薪酬和为顾客创造的价值合一，即"人—单—酬"合一。海尔人单酬账户，包括三个子账户：资产账户、费用账户和薪酬账户。资产账户核算资源和损失，资源来自客户价值，损失为经营体为顾客创造的实际价值与第一竞争力目标价值之间的差距。费用账户是自主经营体自己能获取的费用及使用情况。根据产品核定费用标准（相当于给定预算支出标准），实际支出自主经营体有权决策，盈余转入薪酬账户，超支则成为薪酬账户的损失。薪酬账户显示自主经营体的盈利和亏损。包括收入、损失和费用（见图13-1）。这是一套透明的薪酬管理体系。损益核算精细到个人，每个员工都清楚地知道自己的薪酬目标和分享方式，自己管理执行过程中的收入、费用和损失以及自己可能获得的薪酬。

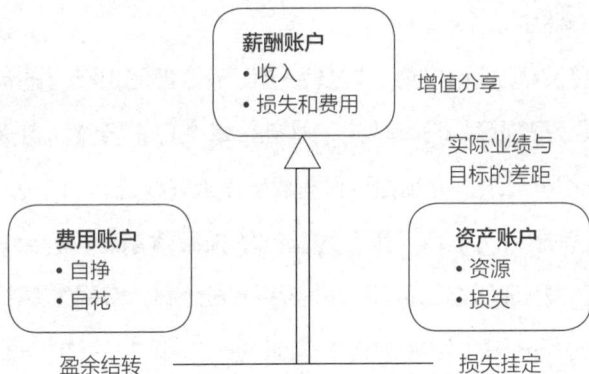

图 13-1　海尔的人单酬账户

　　实际上，从目标提出，预算制订到执行和个人薪酬计算，环环相扣，奖励与业绩完成情况直接挂钩。

　　收入要经营体努力去实现，预算的费用开支由经营体自主决策。用少了，影响收入的实现；用多了，超支了，个人薪酬减少。自主经营体作为独立决策者，需要自己决策平衡。另外，各个经营体之间是相互协作配合的契约关系，例如某个生产环节的经营体长承接质量零缺陷的目标，结果发现，前面工序的执行情况影响其目标，它需要和前面工序协调，此时就可以在人单酬表中引入前工序"关差"指标。前工序采纳了建议，则后工序获得盈利并可取得前工序质量损失降低的盈利。二级经营体为平台类职能单位，这类经营体的"单"是一级经营体，目标是关闭一级经营体的差距（关差），促进业绩差的一级经营体实现业绩突破。在找出差距并改进后，二级经营体也能分享增值的利益，这样也就激励职能单位与业务部门共同努力来满足顾客需求了。

传统的薪酬模式，通常是由上级来对职位任职者做评价，不同职位任职者的薪酬与职位有关，也与业绩有关。其评价来自上级，那么任职者会更多地考虑上级的目标，而不一定是顾客的目标。人单酬将业绩目标落实到每一位员工身上，使其了解自身为客户创造了多少价值、个人的绩效考核情况以及依据该考核情况能获得的工资薪酬，从个人层面考核目标完成情况，评价其预算执行情况。人单酬通过信息系统计算后被日日发送至员工手机，使其时刻了解个人绩效及客户价值贡献程度，调动员工积极性，激励其向更高的目标努力。

激励与顾客价值紧密联系，各经营体互相配合，顾客倒逼和闭关，不断趋近实现为顾客创造价值的目标。

总结一下，转移定价在各个责任中心之间相互转移产品或劳务时结算价格，可以实现在不同部门之间转移利润的作用。同时，它也影响着不同部门的业绩评价。业绩评价指标的设置以及基于业绩指标的激励机制的设置，影响着责任中心的行动和业绩结果，也影响着个人的行为。设置合理的业绩指标与激励机制，可以促使组织实现其目标。当然，前提是，目标是合法的。

如何促进跨院系的开课

管理会计工具的应用场景很广，除了营利组织可以用，事业单位也可以用。

接下来，我们讲个学校里的应用案例吧。

综合性大学下设不同学院、不同系。例如经济学院下设财政、金融、税收等。各个学院可以实现二级管理，自负盈亏。专任教师，根据专业归属各个学院的相关系管理。

根据本科生的培养计划要求，本科生除了要学习本学院开设的专业课程，还要学公共课、基础课。例如，会计的学生要学经济学原理、法律基础、数学、英语等。这些课程该怎么开呢？

一种可能是各个系自己全包，由自己的老师来上。但术业有专攻，各个专业老师上自己擅长的课程，才能保证课程质量。

会计系自己的老师不上法律课，可以请法律系的老师来上嘛，这需要外购。可是法律系老师编制在法学院，其业绩考核奖金是在法学院拿的，为何要帮会计系上课呢？

法律系的学生要学会计学原理，法律系需要会计系的老师帮他们上课。好，那就交换吧。

可是，法律系的学生班级数是 2 个，会计系是 5 个，双方需求量不对等，法律系付出的多，得到的少，他们不开心了。会计系说了，我们还帮其他系上了课，他们没有对应的课还给我们，就还给你们法律系吧。好吧，这下就需要三边谈判了。课程数量不平衡状况越多，加入协商的责任单位就越多，达成一致的成本就越高。即便如此，仍可能达不成一致。

那么我们干脆用会计的方法解决，就实行**内部结算（转移定价）**吧。

不同系的不同责任单位之间相互提供课程，要结算数量。这样，提供方和接受方直接结算，减少了多边谈判的复杂性。

如何设定价格呢？

大学内部的学历教育课程，学生交的学费，是按学期计算，而不是按学分缴纳的。所以不存在每门课程对应一个市场价格的情况，无法以市价为基础转移定价。那我们就用成本吧。

开一门课需要场地、师资和教辅人员的管理成本等。场地和教辅费用不论是否开课都照常发生，不相关，开课的关键投入是师资。

如何激励老师来上课呢？

老师从学校取得工资，需要完成一定的工作量，包括以标准课时计量的教学任务。如果没有任何激励，老师只要完成了工作量标准（业绩目标），就不愿意多上课了。那么怎么办呢？这就需要给老师计算课时补贴。

所以，转移定价的价格，可以根据**标准课时** × **课时补贴标准**确定。

这样一来，法律系给会计系开的课程多，那么从会计系得到的转移定价收入就多，他们也可以再根据自己的需求获取其他系提供的开课服务。

由于结算价格比较低，所以基本上各个系都会优先向其他系购买服务，而不是从外部其他市场购买，从而也在一定程度上保证了课程的质量。

总结一下，在设立责任中心的组织里，要想促进部门之间转移产品或服务，可以采用转移定价方法。定价的基础可以是成本，也可以是市价。要想激励责任单位员工，应当将奖励与部门的业绩指标联系起来。

> 思考题：为了扩宽学生的知识面，学校开设了全校性选修课，面向全校不同专业背景的学生开放。例如，会计专业的学生可以选音乐美术课，艺术专业的学生可以选经济类课程等。怎样才能鼓励各个系的教师为全校其他系的学生开课呢？

── 小结 ──────────────────────

激励机制，无须扬鞭自奋蹄

- 责任会计设立不同的责任中心进行业绩评价，不同责任中心权力不同，责任不同，业绩评价的指标也不同。

- 成本中心负责成本，收入中心负责收入，利润中心负责利润，而投资中心负责投资回报。

- 部门之间转移产品或服务，需要进行转移定价，以准确核算各个部门的业绩。

- 为了促进组织目标的实现，企业需要建立有效的激励机制，将奖惩与业绩指标的完成情况挂钩。

第五篇

不仅要面包，还要诗和远方

之前的各篇介绍了各种成本概念以及管理会计工具在不同的各种决策和控制场景中的应用。当然，我也不时提醒大家，除了算经济账，还需要考虑其他因素。如康师傅蔬菜包是自制或外购，除了算经济账，还要考虑供应链的稳定；厦门航空在考虑是否取消航班时，除了算经济账，还考虑了社会责任；你在做人生选择的时候，除了考虑是否能回本，还考虑了不一样的人生体验。这一篇，我们将重点从经济账上引开，让大家把眼光放长远点，算战略账，看看远方还有些什么。

第十四讲 ┃ 价值链分析：做大蛋糕的利器

本讲讲述战略成本管理工具：价值链分析。通过本讲学习，你将了解价值链的含义以及如何利用价值链分析进行成本管理，提高企业竞争优势。同时，你将能用价值链重构的思维来看待农业产业链的创新与变革道路。

本讲关键词：价值链、产业价值链、价值链分析、价值链重构、竞争战略、成本领先战略、差异化战略

价值链成本分析

价值链指企业设计、生产、营销、交货和对产品提供支持的内部流程或一系列作业的集合。价值链的定义也可以扩大为：

从企业向零配件供应商采购原始材料开始，到将产品或服务提供给最终顾客为止的一系列增值作业的集合，即产业价值链。任何一个企业，都不过是产业价值链中的一环。

价值链分析是有效管理成本，同时提高顾客价值的一种战略手段。它包括以下三个步骤。

第一步，识别企业价值链，并分配收入、成本和资产于价值链作业；

第二步，分析每一价值作业的成本动因；

第三步，比竞争对手更好地控制成本动因或重构价值链，创造可持续的竞争优势。

价值链分析关注的是能否在价值链上降低成本或增加顾客价值。为此，必须进行价值链成本计算，并将成本分析手段，从传统的只重企业内部的成本，扩展到关注价值链各环节之间的联系，以发现改进机会，并为自制或外购决策以及向前或向后的整合提供决策依据。

企业获取竞争优势的基本战略有**成本领先战略和差异化战略**。

成本领先战略的核心是企业决定在所属行业中成为低成本生产的企业。应用规模经济、专业技术、原料优惠供应等手段，使自己的成本低于竞争对手，并以此取得超过其他厂家的竞争优势。

差异化战略的核心是企业提供独特的产品，从而和竞争对手区分开来。其特点是突出产品为客户所看重的某一方面的特定功能，力求在这一方面独树一帜，以便增强企业产品的竞争力。

企业要取得战略成本优势，应从以下两个方面入手。

一方面，控制成本动因：成本地位源于价值作业的成本行为，而成本行为源于成本动因。企业只有控制其主要价值链活动的成本动因，才能真正控制成本。

另一方面，重构价值链：拥有成本优势的企业，其价值链往往与竞争对手的价值链存在显著差异。重构价值链，能从根本上改变企业的成本结构，为进一步的成本降低提供新的基础。

重构价值链方法包括：采用不同的工艺；利用自动化差异；变间接销售为直接销售；采用新的分销渠道；前向（朝原料）或后向（朝产品）整合等。

行业价值链重构。企业通过对现有的行业价值链进行分析，将有可能发现满足顾客需求的新方式，并同时增强企业的竞争力或形成新的能力。

企业可以通过控制成本动因，实施精益生产，加快反应，强化企业当前价值链的地位。企业可以通过重新评估其在行业价值链中不同水平的投资密度，削减资产的占用，提高资产使用效率；加大在增值作业上的投资，对不增值作业实行外包，提高竞争优势。

企业可以通过强化买方价值链，如通过降低发货筹资成本、提供特殊或定制的产品来降低买方成本或增加买方效益，从而强化买方价值链，并扩大差异化优势。

如何创新重构价值链，让传统行业获得新生？

可口可乐瓶装系统的重塑 ①

可口可乐，饮料界的巨头，百年来其神秘配方塑造了品牌神话，并借助特许经营的瓶装系统，实现了全球市场扩张。2006 年，可口可乐在中国成立控股的瓶装厂。瓶装厂负责在中国 10 个省份内生产、包装和销售可口可乐旗下各品牌的饮料，并在业务区域内与可口可乐各级经销商和终端消费者建立紧密联系。

2016 年初，可口可乐中国宣布了一个重大重组计划：将其在华瓶装业务 100% 归属于特许经营重组。可口可乐转型成为提供浓缩液和品牌运作的公司，将其瓶装业务（制造业）完全剔除出其产业链。如此重大调整，本质上是对产业价值链的重构。

我们通过价值链分析来看一看。

首先，饮料行业的价值链由浓缩液制造、原材料采购、装瓶、库存、分销、市场零售等环节组成。在中国市场上，超过

---

① 主要参考资料：阿茹汗. 可口可乐在华全面特许经营 [N]. 北京商报，2016-11-21（003）.

唐文之. 可口可乐的价格构成 [J]. 好运 Money+，2011（8）.

98％的原材料是向中国供应商购买的，而销售以终端直销为主，以经销商分销为辅。瓶装系统与下游密切联系，需要通过强有力的控制才能保证产品体系的质量和企业系统的统一，共享共赢。所以，自营瓶装业务可以让可口可乐公司将浓缩液制造到销售各环节都掌握在自己手里，实现对终端的控制；利用装瓶厂的实力扩张市场，又确保了可口可乐在装瓶厂行业的垄断地位。

其次，瓶装业务利润率低。2016年时，自营瓶装业务已经成为可口可乐的包袱。一瓶3元的可口可乐中，基本的运营和广告成本一共为0.74元，原浆成本仅为0.3元，而可口可乐的装瓶厂成本、运输成本和各级经销商成本共0.95元，占可口可乐价格的将近32%。装瓶厂收入为0.45元，扣除其生产运营成本后，装瓶厂毛利将远低于可口可乐公司的利润0.5元。装瓶厂负责的装瓶生产、物流和经销渠道建设所占成本比重大，毛利低，技术含量低，均属资本密集产业。而浓缩液的生产相对来说成本较少，利润较高。将瓶装业务外包能够在短期内削减可口可乐成本，提高利润率。

最后，可口可乐需要抽出资金提升核心价值。到2016年，饮料市场早已不是十年前一家独大的局面，含糖饮料的替代品——健康饮品，比含糖饮料更吸引消费者，可口可乐面临竞争危机，价格竞争激烈。要想维持住其差异化竞争优势，可口可乐需要加强品牌建设。品牌建设高投入、高收益，而发展制造业低成本、低回报。在资金压力下，可口可乐难以同时兼顾，它必须重新调整竞争战略。面对有限的资源，业务剥离是使资源与市场适配的一种选择。集中价值创造，剥离不符合战略的业务，方能实现资金收益最大化。

在其发展史上，可口可乐也曾周期性地买入又分离自己的瓶装业务。购买，是为了降低成本、提高整体创新以及加强对分销的控制；出售，则是为了提高其利润率、满足股东的要求，轻资产、重品牌，砍掉生产部门和它们所掌控的销售和终端触角。按照其总部计划，可口可乐公司在 2017 年之前将卖掉北美所有的 63 个灌装厂。此举，会使营业收入从 2015 年的 443 亿美元下降到 285 亿美元；但毛利率会从 23% 上升到 34%。

可见，可口可乐从战略出发，进行全球统一调整，同时对竞争战略、资源和业务做了重组，通过**价值链重构**调整其**成本结构**，这是一种战略性的成本管理举措，而核心目标在于加强核心竞争能力。

总结一下，识别企业所处产业价值链，通过价值链分析，可以了解不同价值链环节的盈利性，并根据企业的竞争战略、市场环境的变化，进行价值链重构，剥离盈利性差的业务。强化巩固差异化竞争战略，是可口可乐进行业务重塑的主要原因。

倒奶杀牛，农业的产业链转型布局，出路何在

从第一讲开始，我们陆续谈了农业的困难，提出了不同的解困方式，例如，控制成本，提高价格，等等。如果从战略成本管理的角度看，其实分别是推行**成本领先战略**和**差异化战略**。

有些手段，农民个体可以实现；有些手段，需要资金技术支持才能完成，而彻底变革需要进行产业链（**行业价值链**）重构。农业的产业价值链是怎样的呢？

农业全产业链包括农业产前、产中、产后的各部门、组织机构及关联公司。价值链包括：联结**农业生产资料供应、农产品生产、加工、储运和销售、消费**等环节的有机整体。

当整个价值链处于分段自治状况时，产业组织化程度低，利益联结和分配机制不完善，竞争力总体不强，容易造成农产品在生产、加工、流通、储藏及物流配送等环节的彼此脱节，农产品的增值效益不明显。

比方说，2022 年底，生鲜乳收购价格持续走低，一些奶牛养殖场只能以低于成本价的价格出售牛奶。由于鲜奶不易保存，卖不出去的奶只能被倒掉，要不就是养殖场自费送去喷粉储存。实在没有办法的只能考虑把奶牛当肉牛卖掉，回笼部分资金。可是，牛肉价格也比去年便宜了不少。河北省奶业协会副会长发文：《这是又要让我们倒奶杀牛吗？》，事态发展引起人们关

注。抗风险能力差的中小牧场可能很难挺过去 ①。

牛奶为什么卖不出去？因为奶企不收奶了，即便来收，收购价格也很低。2022 年年底，河北公布的 2023 年第一季度生鲜乳参考交易价格为 4.1 元 / 公斤，不低于 3.93 元 / 公斤。而就在 2021 年，牛奶的平均收购价格从 2020 年的最低每公斤 3.6 元左右，上涨至 4.3 元左右，也就是说，一年上涨了近两成。当时，牛奶消费达到了 8% 甚至 9% 的增速，出现了牛奶供不应求的状况。此时上游养殖场大量扩张，结果牛奶供应量上来了，消费量却跟不上，所以供过于求，价格下跌了。看吧，这又是农业常见的丰收不赚钱的现象。

同时，养殖场的成本也在不断上涨。2022 年，玉米、豆粕价格月均价均同比上涨，且在 12 月创下新高。此时，人工成本、防疫成本、能源成本、运输成本等均上涨，养殖场已无盈利空间。

那么，鲜奶收购价格下降，对乳企和加工企业，是利好了吧？其实不然。由于终端消费量没有提高，乳企喷粉进一步加工，成本上升，且奶粉实际上未进入终端消费领域，多数企业仍处在亏损或持平状态，牛奶卖不出去，产品积压。实际上，河北省每天喷粉存储的富余生鲜乳在 4000 吨以上，每天占用企业资金在 1600 万元以上。对乳企而言，喷粉每吨损失 1 万 ~ 1.2

---

① 主要参考资料：真到了"倒奶杀牛"的时候？业内：只是对当前形势表示担忧. 第一财经，2023-1-8.

万元，加上需求不振，促销压力很大。

从消费端看，生乳产品多数并非必需品，受季节性因素影响，销量下降了；特别是酸奶，大量休闲娱乐场所的关闭对其销量影响很大。

因此，实际上，整个产业链都受到上游产能大于消费增长的影响。

另外，对一些中小养殖场而言，这也是自身盲目逐利造成的后果。在牛奶供不应求的时候，有的养殖场只追求自身利益最大化，以价高者得为由单方面撕毁合同，高价将鲜乳卖给河北省外收购者；而当供过于求时，这类养殖场也就最先被抛弃。它们只能高价找工厂付高额加工费喷粉保存，或是重新寻求本省乳企收购。而乳企为了保证奶源供应稳定和质量，也自建养殖场，在市场需求不足时优先采购自己养殖场的牛奶。那些不讲信用的养殖场，自然就先面临困境了。

在这个产业链里，养殖场自主决策，但中小养殖场的抗风险能力弱，对上游和下游均无议价能力。与乳企签订收购合同，实际上提高了其防范风险的能力。一些养殖场片面追求价值最大化，单方面毁约，获得了短期利益，但在市场形势逆转时也使自己处于危机中。自费喷粉存储，其实就是追加成本去进一步加工，如果未来终端消费量没有提升，奶粉价格未上涨，损失会进一步加大。

倒奶实属无奈，杀牛则是立即变现的变通手段。当然，倒奶杀牛的规模不能太大，否则行业产能会受到重大影响。为了保护养殖场的利益，河北奶业协会公布指导价，并附加了条件：乳企要做到应收尽收，如期续签收购合同，并在困难过后补偿差价；牧场则要开源节流，提质降耗。面对这种情况，政府也是操碎了心。要提供补贴的话，给谁呢？整个产业链里，上游养殖场和下游消费者数量多，而中游的乳企实力雄厚者数量较少，具有议价能力。最终政府将补贴给了乳企：2023 年 1 月，河北省农业农村厅发出紧急通知，将 2022 年的喷粉补贴资金发给乳品加工企业，同时预拨了 1500 万元的 2023 年的补贴资金，以此来帮助乳品加工企业渡过难关。不过同样提出了应收尽收、续签合同等要求，让养殖场与乳品加工企业建立共赴难关的风险意识。

可以说，若想解决奶牛养殖场困境，就看养殖场与乳企和加工厂的协同水平了。这是跳出单一经济主体边界，从价值链联系角度来解决问题。当然，作为乳企，应收尽收，在一定程度上也是其履行社会责任的体现。

如果对价值链加以重构，实现产业链一体化，就可能实现农业转型。具体有许多模式，这里列举一二。

第一，农民合作组织带动型。

重庆顺友稻米种植专业合作社由当地种田能手、致富带头人刘顺友联合 74 户农户组建而成，主要进行优质水稻、玉米及其他特色蔬菜的种植、加工、销售。近年来，其在水稻生产、加工、销售领域与供销社、农商行进行融合发展，走出了粮食生产发展新路子。通过科学养殖，合作社提高了种植效益、制订了水稻、蔬菜生产技术标准，打造自有品牌，提升合作社产品市场认知度，产品实现溢价；通过代耕、代种、代管、代收、代销，进行农业生产全程社会化服务。此外，合作社与供销社相互参股，农商行提供贷款支持"三社"融合发展，提升了其综合实力①。

第二，将农业生产与文化、旅游业融合，形成休闲农业等新兴农业产业链。

广西玉林"五彩田园"积极发展园区中药材、特色粮食、优势果蔬、休闲农业、农产品深加工等几大产业，拓展农业多种功能，打造上下游融合的现代农业全产业链。

这种模式通过产业链重构并与第二、第三产业协同，培育差异化特色，增强竞争优势。

第三，农业全产业链模式。

中粮集团以探索全产业链食品安全管理模式为战略目标，推行多元化＋单品的深度产业融合方式，实现从田间到餐桌，包括农业服务、种植、收储物流、贸易、加工、养殖屠宰、食品制造与营销等多个环节的"全产业链"管理。

将分散的产业链向前向后整合，可实现协同优势，同时提

---

① 重庆市农民合作社发展典型案例②　走实合作共赢　助力乡村振兴. 重庆市农业农村委员会，2021-11-25.

高质量管理水平，提高竞争力。农业生产缺的不是出路，而是思路！

总结一下，利用价值链分析工具，对农业产业链展开分析，识别产业链上的各个环节，成本构成、资本投入和利润分配状况，可以对价值链加以重构，向前或向后整合，建立全产业链的商业模式，重塑农业的竞争力，实现农业增效、农民增收。

> 思考题：对于如何帮助乳业走出产业丰产丰收反而亏损的怪圈，你还有什么建议？

— 小结

价值链重构可重塑企业竞争优势

- 本讲讲述了价值链分析这一战略成本管理工具。
- 产业价值链为从企业向零配件供应商采购原始材料开始，到将产品或服务提供给最终顾客为止的一系列增值作业的集合。
- 实施战略成本管理，目的在于通过低成本战略或差异化战略实现竞争优势。价值链重构，可以实现产业转型升级。关注价值链各个环节之间的联系，从行业价值链重构开始，进而推动企业内部价值链的重构，强化或重塑企业的竞争优势。

第十五讲 ｜ 质量成本：冰山暗礁有多重

网购时你会选择哪种电商平台？是低价但质量不太稳定的电商平台，还是价格和质量双高的电商平台？当真"便宜无好货，好货不便宜"？本讲讲述质量管理与质量成本管理问题。通过本讲学习，你将了解质量的含义及全面质量管理的重要性，你也将学会各种质量成本分类与质量水平的关系。利用这些知识，你可以更好地观察现实生活中的经济现象，理解其背后管理者决策的逻辑。

本讲关键词： 质量、产品质量、工作质量、全面质量管理、质量成本、符合性成本、非符合性成本、质量控制成本、质量损失成本、预防成本、鉴定成本、内部损失成本、外部损失成本质量关乎企业的竞争地位。提高质量，可以降低成本，增加市场份额。海尔在1984年从德国引入世界一流的冰箱生产线。当时，物资紧缺，市场上冰箱供不应求，哪怕是次品也要凭票购买。有用户来信反映冰箱存在严重质量问题，张瑞敏去仓库检查后发现，400台冰箱中竟有76台不合格。根据当时市价，一台冰箱要800元。张瑞敏召开现场会，当众砸掉不合格的冰箱。这一砸，砸出了海尔的质量意识，也为海尔赢得了市场。3年后，海尔获得冰箱行业的第一块质量金牌，同时也让市场相信了海尔是一个重质量的好品牌，就这样，海尔开启了在冰箱品牌独领风骚的时代。

质量，指的是产品和企业内外服务满足顾客期望的程度。包括了**产品质量和工作质量**。**产品质量**指产品对顾客的适用性。即产品性能、可靠性、寿命、安全等方面达到特定的要求。**工作质量**，指与产品质量有关的工作对产品质量的保证程度。

工作质量是产品质量的保证，产品质量是各方面工作质量的综合体现。

全面质量管理提倡的是全面、持续的质量管理思想，它是"一个组织以质量为中心，以全员参与为基础，目的在于通过让顾客满意和本组织所有成员及社会受益，而达到长期成功的管理途径"。

全面质量管理的实施需要各种质量信息的收集、计量和报告，包括质量成本信息。

　　质量成本是企业为了保证和提高企业的产品质量而发生的一切费用，以及因为没有达到质量标准而产生的一切损失之和。

　　质量成本包括：符合性成本（**质量控制成本**）和非符合性成本（**质量损失成本**）。前者是为使产品质量符合标准而发生的成本，又可分为预防成本和鉴定成本。后者是因为质量低劣而造成的经济损失，分为内部损失成本和外部损失成本。

　　预防成本，是为了防止产品在生产和服务过程中出现质量低劣问题而发生的成本。如**质量审核费用**等。提高预防成本，将降低出现缺陷的可能性。

　　鉴定成本，是为了确定产品和服务是否达到预定的要求或者满足顾客的需求而发生的成本，包括产品验收、流程验收等成本。实行鉴定作业的目的在于避免将有缺陷的产品交付给顾客。

　　内部损失成本，是将产品交付给顾客之前就已经被发现的、由于产品或服务不符合既定要求或顾客需求而发生的成本，包括废品成本、返修成本等。如果不存在缺陷，则不会发生这些成本。

　　外部损失成本，是将产品交付给顾客之后才被发现的、由于产品或服务不符合既定要求或顾客需求而发生的成本，包括缺陷产品召回成本、销售退回和折让、返修费用、由于顾客不满而使市场份额出现的损失等。这一类成本对企业的影响最大。

　　质量成本中的质量控制成本和质量损失成本是对立的，加强质量控制，提高产品质量，虽然降低了损失成本，但同时也加大了控制成本；而放松质量控制，虽然可以降低控制成本，但可能又加大了损失成本（见图15-1）。

计量质量成本的目标是：消除外部损失成本，最小化鉴定成本和内部损失成本，有效投资于预防成本。

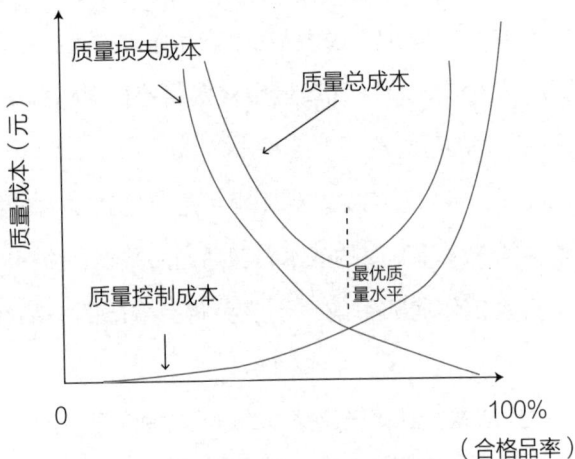

图15-1　质量成本与质量水平的最优平衡

网络曝光对品牌的损失 [1]

关注质量可以给企业带来市场，提高声誉；忽视质量，则可能造成巨大损失。

---

[1]　主要参考资料：维权奔驰女车主不接受4S店道歉：避重就轻胡乱收费. 新京报，2019-04-13.

2019 年 4 月，一位女士花 66 万元在西安某奔驰 4S 店买了一辆奔驰车作为自己的生日礼物。结果，车还没开出 4S 店，她就发现车辆发动机存在漏油问题。和 4S 店交涉，4S 店却不断地拖，从无理由退换期的 7 天一直拖到 15 天后，从退款、换车，变成了"只换发动机"。

一辆汽车，还没出 4S 店大门就漏油了。质量缺陷如此明显，连非专业人员都能发现。那么，责任在谁呢？消费者还没有开始使用产品，问题肯定不在消费者身上。

车辆从厂家到 4S 店，4S 店需要检查两次，一次是接车的检查，一次是 PDI 检查①。检查过程耗费成本，即**鉴定成本**，需要由 4S 店承担。如果检查中发现了问题，那么修复成本属于**内部损失成本**。在接车时就发现，责任归于厂商；接车后才发现，责任归于 4S 店。将检查了却未能阻止质量缺陷的产品销售给顾客，4S 店的责任是撇不掉的。

由于车的所有权已经转移给消费者了，此时出现的质量问题，导致的是**质量损失成本**，属于**外部损失成本**。

常规的操作方式有以下三种。

第一种，根据 7 天包退规定，4S 店予以退款或换车，漏油车修复后降价出售。**修复成本和折价损失**都属于损失成本，由 4S 店承担。

---

① 指售前检测证明，是新车在交车前必须通过的检查。

第二种，4S 店和厂家协商，由厂家工程师确认故障，由厂家和 4S 店共同承担给车主换一辆新车，然后再去做漏油车善后工作，**质量损失成本**由厂家和 4S 店共同承担。

第三种，拖而不决。客户只能接受 4S 店的解决方案：欺骗推诿，拖过法律规定包退的七天，再从换车变成了更换发动机，理由是国家三包的规定。

一台 66 万元的新车，换个发动机，伤筋动骨，等于大修理。车的市场价值立即贬损一半，此外还不能保证其质量与新车完全一致。换后质量水平和市场价值都已经下降，**这个损失，是由消费者来承担的。**

那 4S 店承担什么呢？零部件都是由厂家提供的，至于换发动机的维修成本，还在三包期，可以向厂家索取。这些都是**外部损失成本**。看，因 4S 店责任造成的损失，经过这么一通操作，转化成由消费者和厂家承担了。

维权无望的车主被逼上了汽车引擎。这一哭，终于引来车企和 4S 店高管的重视。北京梅赛德斯 - 奔驰销售服务有限公司发布致歉声明，并称已派工作小组前往西安展开调查。但高管与车主协商时避重就轻，车主不满，提出了几大诉求：检查车辆历史、PDI 检测是否真实，检测人员是否有资质，请第三方对汽车质量检测给出结论，调查金融服务费收取是否合理，规范汽车行业 PDI 检测流程等。

事情进一步发酵，最终消协、市场监管局、银保监会都介入了。而股票市场也对此做出了反应：4月16日，汽车板块市值蒸发巨额资金。这属于**外部损失成本**，损失有点大。

最终结果是，奔驰道歉、换新车、退还金融服务费、提供4S店1对1的VIP服务、负担消费者补办农历生日会的费用作为精神赔偿。这些都属于**外部损失成本**。

一个质量问题，4S店推诿、厂家反应迟缓、金融店默不作声，奔驰原来的解决措施是由顾客承担损失，而经销商、厂家、金融店等不承担责任，似乎实现了经营者经济利益最大化；但是，事件在网上曝光后，就演化成对品牌杀伤力极大的危机事件。奔驰造车工艺、客户服务、公关水准等都遭到了人们的质疑；最终造成的损失，远远超过了换车或退款的损失。

总结一下，质量，指的是产品和企业内外服务满足顾客期望的程度。质量不仅包括产品质量，也包括工作质量。产品质量再好，工作质量跟不上，仍然无法满足顾客期望，仍属于质量问题。

全面质量管理是对全过程、全员的管理。质量成本管理需要从全局把握，过于节约控制成本，可能造成质量问题和更大的损失成本，影响企业的竞争地位。

商家销毁临保商品的逻辑

盒马生鲜每晚闭店前要销毁临保商品。将包装精美的面包、蛋糕、海鲜等全部从货架上撤下来丢掉，顾客不许拿也不许买，员工也不能拿回家[①]。这则消息引发广泛关注，人们发出一个疑问：为什么快过期的商品只能丢掉，而不能有更好的归宿？

那么，我们从会计角度来看看商家销毁临保商品的逻辑吧。

不同商品有不同的生命周期，生鲜产品，特别是现场制作的熟食，基本只能存放一天，这还是在有冷柜存储的情况下，否则，可能几小时之后食物就变质了，即产品质量存在问题。

最好的结果是商品在保质期满前就销售出去，找到归宿。为了尽量销售出去，临保产品可能就会采用**特殊定价**，打折促销。但是，仍然卖不出去的怎么办呢？商家的选择是销毁。

销毁对于商家产生的成本有哪些呢？

首先，销毁的产品本身是消耗资源的。销毁商品，其价值无法实现。这是经营过程的损耗，是商家无法准确预测销量而带来的**内部损失成本**。只要没有卖给消费者，那么损耗是有限的、可控的。

为了避免将过期产品卖出去，商家要定期检查商品保质期，将临保商品挑出来处理，这部分处理成本属于质量控制成本，

---

① 主要参考资料：邵蓝洁. 盒马丢弃风波背后：熟食必须当天扔，有超市处理不当遭索赔 100 万. AI 财经社，2019-09-04.

即**鉴定成本**。为了减少损耗，加强数据分析，严格控制订货量使其接近购买量，这是**预防成本**。

环卫部门上门回收垃圾，商家要付费，单个垃圾桶一年的费用为 1000 ～ 2000 元，丢弃越多，成本越高。这也是废品处理成本，属于**内部损失成本**。废品越少，处理成本越低。

过期商品不得销售，这是法律的要求，也是企业运营的底线。销毁过期商品是合法的。

如果为了减少企业的成本，把本该销毁的商品转卖出去，那么企业不仅违法，甚至还可能发生更高的**外部损失成本**。

例如，顾客购买了过期商品食用导致身体不适，损失需要由企业承担。若遇到职业打假人，那么索赔金额可能是上百万元。

有的人从道德层面提出，应该将这些商品送到福利院，可是，送临保商品而不是新鲜商品的行为，本身在道德上存在瑕疵。此外，转运过程需要的冷链运输，送到之后的保存等都需要成本，这些又由谁来承担？

因此，不论是从法律上还是经济上来看，销毁临保商品都是商家为保证质量做出的合理决策。

总结一下，为了保证质量，商家必须投入一定的鉴定成本和预防成本。销毁临保商品，是为了保证质量水平而采取的行为，其成本投入是为了避免更大的质量损失产生。增加质量控制成本，可以提高质量水平，同时规避由质量问题造成的质量损失成本。质量管理决策需要了解质量水平、控制成本和损失成本的关系，将外部质量损失成本降低。

> 思考题：如果你是经营者，你会重视质量吗？当企业因质量问题被媒体曝光时，对企业可能有哪些影响？

--- 小结 ---

质量是永远的生命线

- 质量的高低，影响企业的竞争地位，因此，企业一般都很重视质量管理。

- 质量，指的是产品和企业内外服务满足顾客期望的程度，包括了产品质量和工作质量。

- 全面质量管理提倡的是全面、持续的质量管理思想。企业除了重视生产过程的产品质量，还要对上下游、生产经营、售后服务等各价值链、各环节的质量加以控制。

- 控制质量，可能会增加质量成本，但可以提高产品的质量水平。忽视质量控制将带来极大的质量损失成本。

- 计量质量成本的目标是：消除外部损失成本，最小化鉴定成本和内部损失成本，有效投资于预防成本。

第十六讲 ｜ 环境成本：绿水青山就是金山银山

曾经的我们，向往车水马龙、高楼大厦。蓦然回首，却发现最治愈人心的是鸟语花香、田园风光。"增长的极限"使人们意识到在追求经济发展的过程中保护环境的重要性。本讲讲述环境管理与环境成本管理。通过本讲学习，你将了解环境管理的原则，以及各种环境成本的关系、环境问题对企业的影响等内容。你也将学会利用环境管理思想去观察现实经济生活中的环境保护政策，理解政策背后的逻辑。

本讲关键词： 经济外部性、环境成本、外部成本、内部成本、社会成本、私人成本、环境质量成本、环境预防成本、环境鉴定成本、环境外部损失成本、环境内部损失成本

环境成本的分类

联合国在 2005 年提出了 ESG 概念，从环境、社会和公司治理三个维度评估企业经营的可持续性与对社会价值观念的影响。可持续发展理念日渐深入人心。对于企业来说，能否实现绿色转型、环境保护，影响其能否可持续发展。环境问题源于经济外部性，即经济主体（包括厂商或个人）的经济活动对他人和社会造成影响的非市场化后果，其成本与后果不完全由该行为人承担，导致行为主体对环境的无限制使用，从而产生环境问题。政府通过直接管制或经济手段来解决环境问题。环境问题，既影响企业的成本，也影响企业的竞争地位。

环境成本可以分为**外部成本**（社会成本）和**内部成本**（私人成本）。外部成本（社会成本）指的是成本的产生与某一主体对环境的影响有关，但由造成成本或获得利益以外的主体承担的成本。内部成本则是由造成成本的主体承担的成本。

随着环境问题压力的增大，政府贯彻污染者付费的原则，使外部成本内部化，将外部成本转为内部成本，从而促使行为主体减少对环境的不利影响，提高环境质量。

参照质量成本的分类，可以将环境质量成本分为两大类：**符合性成本**（环境质量控制成本），即符合严格的环境业绩标准的成本；**非符合性成本**，即违反这些标准的成本（环境质量损失成本）。符合性成本又分为两种：**环境预防成本和环境鉴定成本**。

非符合性成本，包括**环境内部损失成本和环境外部损失成本**。环境内部损失成本是在污染物或废弃物产生之后、被排放到环境之前发生活动的成本。这些活动的目的在于消除或者减少污染物或废弃物，使其不排放到环境中，或者使其排放符合一定的标准。**环境外部损失成本**是在污染物或废弃物被排放到环境之后发生的成本，又包括已实现的成本和未实现的成本。

已实现的环境外部损失成本是由企业造成并且由企业自行负担的成本。而**未实现的环境外部损失成本**是由企业造成，但由企业以外的主体负担的成本（外部成本或者社会成本）。

这四大类成本中，环境外部损失成本造成的影响最大。在进行环境质量成本分析时，企业需要识别既定环境标准下的符合性（预防和鉴定）成本和非符合性（外部和内部损失）成本。在开始推行环境质量管理时，符合性成本可能增加；但是，随着环境质量水平的提高，内外部损失成本的减少，企业的这类成本将下降。

这么多的环境成本分类，到底对企业有什么影响呢？谁是成本的承担者？

贫困村的碳票创收

> 　　在厦门海拔最高、最偏远的山区，有个军营村，这个村长期受贫穷困扰。20 世纪 80 年代，为了发展茶产业，村民们将山上的森林砍伐殆尽，生态破坏严重，当时村里的人均年收入仅有 200 余元。而今，遵循着"山上戴帽、山下开发"的思路发展，村里发展起生态农业。国家提出"双碳"目标后，军营村大力种植"固碳作物"——茶树。全村 5800 亩茶园，每年能固碳 1600 余吨。在厦门产权交易中心农业碳汇交易平台撮合下，军营村去年率先完成两单"碳票"交易。全村茶树"碳票"被打包出售给厦门一家企业，村集体共实现增收 9 万余元。[①]

　　好空气可以变现啦。这是怎么回事呢？原来，为了保护环境，有一种机制叫**碳排放交易权制度**。其主体思想是在满足环境要求的条件下，建立合法的污染物排放权利，即排污权，并允许产生关于这种权利的交易，从而控制污染物的排放，使污染治理总是发生在边际控制成本最低的污染源上。政府治理环境，是将外部成本内部化。不同的市场主体治理温室气体的成本是不同的，有的治理成本低，有的治理成本高。减排企业间

---

① 主要参考资料：康淼，颜之宏. 军营村的生态共富路 [J]. 半月谈，2023（7）.

可以通过市场手段进行排放权交换以平衡各自的排放量，从而实现低成本控制碳排放总量的目的。于军营村而言，种茶树不仅无排放，还有固碳的效果，所以军营村拥有了碳票（碳排放交易权），而生产企业如果不自己想办法减少碳排放，那么便只能花钱去买碳票。这样减排者就获得了收益（**环境收入**），可以抵减环境成本。

绿水青山，终变成了金山银山。

总结一下，实施环境保护不意味着一味支出。随着政府加强环境治理，将外部成本内部化，环境保护措施好的企业能应用碳交易的模式，出售碳票，将环境效益转化为经济利益，创造环境收入。而对于购买碳票的企业，其支出则增加了环境成本。

德国大众排放门事件

保护环境，是政府的责任，更是每个经济主体的责任。禁止不达标产品的销售，贯彻的是污染者付费的原则，让生产者来承担保护环境的责任，减少对社会的环境损害，减少社会成本。具体到汽车行业，就是转由那些驾驶汽车受益的主体，包括车主和车企来承担成本，从而促使车主选择环保车型（如电动汽车），促使车企加大环保车型研究，最终达到提高环境质量的效果。

如果企业减少环境控制成本，会使环境质量下降，增加环境损失成本，包括**内部损失成本**和**外部损失成本**。内部损失成本为企业私人承担；外部损失成本，部分为企业承担，部分为社会承担。但是，一旦环境质量问题遭到曝光，企业所承受的外部损失成本将是巨大的。看下德国大众汽车公司（简称"大众"）"排放门"事件吧[①]。

美国是全球最大的汽车市场之一，汽车市场的进入门槛也很高。大多数汽车都必须达到美国环境保护署（EPA）所制定的联邦空气污染控制标准，经受非常严格的审查和检测。假如不符合标准，汽车所有者或进口者都可能受到严厉的处罚。另外，在控制排放最为严格的加利福尼亚州，汽车厂商还要经受额外的测试和检验。

2015 年 9 月 18 日，美国环境保护署与加州空气资源委员会发布公告，指控德国大众蓄意造假，在其所售部分柴油车内安装了专门应对尾气排放检测的软件，以规避美国严格的尾气排放检测。

原来，被检测的大众柴油车安装了一种尾气清洁系统，尾气清洁系统只有在接受尾气检测时才会被完全激活，但在平时的行驶中，这些汽车则会大量排放污染物，最大可达美国法定标准的 40 倍。对外，大众一直宣传其品牌汽车的环保性能，突出其在美国严苛环保法规下仍能保持燃油经济和高效等特点。

① 王芳冉. 一篇文章梳理大众"排放门"的来龙去脉. 汽车维基，2015-10-24.

为了保护环境，有关政府部门制定了**环境质量标准**。燃烧柴油产生尾气，加装清洁系统，可以将尾气在排入大气之前加以处理，从而达到环境质量标准要求。为此，企业必须投入一定的**环境预防和鉴定成本**。

加装清洁系统的生产成本为 100 ~ 200 欧元。而检测排放是否达标的工作，属于环境鉴定成本。企业来做，属于**私人成本**；政府做，属于**社会成本**。清洁系统属于尾端处理技术，其运行需要耗费资源，产生**环境内部损失成本**。为了节省这部分成本，大众做了手脚。

然而此举违反了法律，其节约的是车企的私人成本，能帮助车企降低汽车售价，提高汽车的市场竞争力，而汽车运行过程带来的尾气影响的则是美国的空气质量，美国政府要为此买单（付出社会成本）。这么一来，**私人成本减小了，但是社会成本加大了**。美国政府既然制定了法律，必然会采取措施维护法律尊严。最终的后果是由造假企业来承担的。

9 月 23 日，大众承认其蓄意欺骗美国政府的空气污染检测多年，软件作弊涉及汽车达 1100 万辆。根据美国法律，大众在美国涉事的 48.2 万辆汽车可能面临 180 亿美元的罚款。

此外，大众还需要承担**缺陷汽车召回的成本**，预计有 100 万辆车需要召回维修，召回成本预计超过 60 亿欧元。如果要进行**尾气系统重装**，预计耗资 65 亿欧元。

而关于大众应对这一事件和诉讼等活动的支出，瑞银分析师认为将可能达到 350 亿欧元。

丑闻曝光之后，大众股价大跌逾 30%，连创历史新低。同时其影响迅速向全球蔓延，许多国家宣布开始对大众进行调查，甚至连德国汽车零部件制造商——博世集团（Bosch），也没能躲过调查。

这一事件还影响到大众未来的研发投入，影响新车型的推出，而且大众的声誉受到重创，对自身、对德国车企、对"德国制造"乃至对全球汽车业的影响难以估量。貌似节约的举措，却导致了无法估量的外部环境损失成本产生，真是聪明反被聪明误。

总结一下，保护环境，是政府的责任，更是每个经济主体的责任。禁止不达标产品的销售，贯彻的是污染者付费的原则，让生产者来承担保护环境的责任，减少对社会的环境损害，减少社会成本，转由那些驾驶汽车受益的主体，包括车主和车企来承担，从而促使车主选择环保车型（如电动汽车），促使车企加大环保车型研究，最终达到提高环境质量的效果。如果企业减少环境控制成本，就会使环境质量下降，增加环境损失成本，包括内部损失成本和外部损失成本。内部损失为企业私人承担；外部损失成本，部分为企业承担，部分为社会承担。一旦环境质量问题曝光，企业所承受的外部损失成本将是巨大的。

垃圾分类的成本如何算

环境管理，强调由污染者付费。在垃圾分类方面，政府通过增加环境质量预防和鉴定成本，将环境质量损失成本转由垃圾的生产者来承担，从而影响人们的行为，倡导绿色生活和绿色消费，可以从源头解决环境问题。

污染者付费原则，除了对企业实施，还会对个人实施。**外部成本内部化**，也可能增加个人的成本。

2019 年 7 月，上海实行史上最严的垃圾分类管理。个人未按规定分类并投放垃圾的，最高会被罚款 200 元；企业未落实分类处理且逾期不改正的，最高会被罚款 50 万元。垃圾是人日常生活和生产中产生的废弃物，常见的处理方法是填埋或焚化。填埋占据城市有限的大量土地，堆填区中的垃圾处理不当会污染地下水和发出臭味。焚化则无可避免地会产生有毒气体，危害生物体，产生一系列的环境问题。

生活垃圾是谁制造的呢？就是你我这样的普罗大众。那么，**垃圾处理的成本**是谁承担的呢？没有实施垃圾分类之前，是由社会来承担的。例如，将垃圾送到焚烧厂，用专业化的设备来进行粗分、精分。例如，由市政组织转移填埋。劳动力成本、生产线的购置与使用成本，还有土地成本，都很昂贵。此外，转移过程中的垃圾泄漏、填埋场环境受到污染等成本，都由社会承担，属于**社会成本**。

解决环境问题，需要将**外部成本内部化**。实施垃圾分类，人们必须了解垃圾分类的知识，需要购买垃圾分类容器，必须付出一定的时间对垃圾进行预处理，否则就要支付罚款。环境质量损失成本，将由社会成本转为**私人成本**。

那么，为了将垃圾分类落实到位，政府又付出了哪些成本呢？配备督导员，分发培训学习资料，配置摄像头，分发分类垃圾桶等，这些属于**环境质量预防和鉴定成本**。加大对这些的投入，是为了提高环境质量，减少环境质量损失成本。

环境质量损失成本转为私人成本，不仅仅是成本在不同主体间的转移，更重要的是，政府可以通过经济手段，激励人们改变行为，倡导绿色生活和绿色消费，减少不必要的垃圾，从源头上进行控制，改变人们的环境意识和行为，减少污染物的排放，实现减量化、资源化。

实际上，实施垃圾分类之后，上海人叫外卖都开始加备注了："珍珠只要十颗，羊肉串不要串、米饭少一点，无需餐具！"这可能只是一句玩笑话，但侧面反映了垃圾分类对人们生活造成的影响。而消费者行为的改变，又倒推商家的行为改变。星巴克门店弃用塑料吸管，肯德基用可循环餐篮取代一次性纸袋、纸盒。只有从源头控制垃圾的产生，才能真正提高环境质量，从总体上减少社会和个人的环境成本。

总结一下，环境管理，强调污染者付费。政府通过垃圾分类、增加环境质量预防和鉴定成本，将环境质量损失成本转由垃圾的生产者来承担，从而影响人们的行为。国家倡导绿色生活和绿色消费，将从源头解决环境问题。

> 思考题：违反垃圾分类规定的罚款，其实并不足以弥补垃圾处理的社会成本。你还能想到哪些手段来影响或改变人们的消费习惯，减少环境质量损失成本？

小结

再也不能忽视环境成本了

- 环境问题，源于经济的外部性。环境成本由社会承担，而不由行为人承担，从而产生环境问题。
- 环境成本，分为外部成本和内部成本。
- 政府加强环境管理，考虑由污染者付费，使得外部成本内部化，由污染者承担环境成本。
- 政府和经济主体增加环境质量控制成本投入，可以减少环境损失成本。
- 增加私人成本，可以促使经济主体改变行为，从源头减少对环境的损害，最终实现环境成本（包括社会成本和私人成本）的总节约，实现财务业绩和环境业绩的双赢。

思考题提示

第一讲

思考题：菜贱伤农，难怪许多农民选择进城务工。可是菜贵伤民，政府又要想办法稳住"菜篮子"。怎么帮助菜农解困呢？

这一问题在书中第五讲、第九讲、第十四讲等都有涉及。

第五讲，从定价因素的角度讲述完全自由竞争市场及生产者的定价决策，带你了解影响价格的因素，你可以利用这些因素帮农民想出路，摆脱亏本状况，走上致富道路。

第九讲，通过平和蜜柚的案例帮你了解，农产品出售之前的成本都属于沉没成本，是不相关成本，我们在决策中不需要考虑它们。这一讲通过分析农产品是否进一步加工，帮你学会找准变现获利节点，学会扩大价值的方法。

第十四讲，从农业的产业链角度分析农业的困境及解决办法。你将了解价值链的含义以及如何利用价值链分析进行成本管理，提高企业竞争优势。同时，你也能用价值链重构的思维来看待农业产业链的创新与变革道路。

此外，你也可以查询有关农业转型、乡村振兴的文献、资料，通过思考，你会有更多的启发与收获。

思考题：如果你去郊外租地种菜，你会选择自种自收，还是半托管？

可以根据你的个人情况进行选择。自由时间多、有经验的人，也许喜欢自种自收；时间不多的，可以考虑半托管，自己偶尔体验一下劳作。

第二讲

思考题：如果你从事酒类经营，你会花钱打广告吗？

看你的企业处于什么市场。如果它只是一个乡镇小厂，也许你的客户是周边熟人，你可能不用专门做广告，依靠口口相传和酒厂门口设置广告牌即可。不过，如果你和其他企业竞争相同市场，那么投入广告必不可少。广告的投入要考虑带来的销售的拉动，当然，这个要靠估算。不同类型的广告投入不同，效果不同。根据不同估算计算方案损益，最后由你来进行对比选择合适的方案。

第三讲

思考题：除了调和油，市面上有许多产品都是配方的，例如配方奶粉、蛋白粉和添加胶原蛋白的化妆品。了解品种结构的影响后，你会挑配方产品了吗？

聪明如你，应该会了吧。要看关键的高价值原料的成分占比，并与价格结合进行对比分析，估算购买是否划算。

第四讲

思考题：家住农村的王大妈有两个儿子，大儿子在城里工作收入高；小儿子与自己同村相邻居住，收入低。王大妈要求城里的大儿子多出赡养费，农村的小儿子不出或者少出，这样合理吗？

见仁见智。小儿子可能觉得合理，大儿子可能觉得不合理。但是也可能都觉得合理。如果有矛盾，在调解的时候，应考虑双方的责任和义务是否均衡，共同费用按什么标准来分，二人曾经分别从父母处得到多少财务，现在愿意付出多少作为回报。家家有本难念的经，这一问题不仅仅涉及金钱方面的考虑，也涉及人情、社会伦理等方面因素。

第五讲

思考题：你还能想出哪些办法帮菜农控制成本、提高利润？

如果是只从本讲内容考虑，那么本讲所提的各种方法都能有效帮助。此外，第五讲之后的章节也提供了一些思路。

第六讲

思考题：你还能想出哪些办法帮菜农转变身份、提高价值？

可以从农业如何转型升级来考虑，使菜农从价格接受者身份转变为价格制定者身份；转变经营思路，不是卖农产品，而是卖衍生出的特色差异化产品或服务，等等。

第七讲

思考题：乘坐邮轮度假是一种旅游方式，人们需要购买船票，票价动辄数千元，游客一般需要支付舱位费、港务费、船上服务小费等。你有没有可能从旅行社那里拿到一张低价的船票？

看有没有促销的票、提前预订的优惠票、积分兑换或者类似年卡形式的票，等等；或者你可以等待合适的机会，在最后出行前补位捡漏。前提是你的时间很灵活，可以来场说走就走的旅行。

第八讲

思考题：老人生病了，请保姆来照顾还是自己照顾？自己照顾对比请人照顾，相关成本有哪些？除了考虑成本，还有哪些因素要考虑？

你自己当前生活状况如何？是退休了还是在职？是否还要照顾自己的小家庭？当你去照顾老人时，需要舍弃或者受到影响的因素有哪些？这些构成了照顾老人的成本。请保姆的话，成本不仅是事先谈好的价格，还有她相关的生活成本。除了金钱，其他要考虑的无非是情感因素、护理经验、安全性等。如果是你自己照顾，虽然省下请人照护的成本，但要综合评估自己照顾体力与能力。

第九讲

思考题：如果你决定读研，会选择在国内读还是在国外读？如何进行分析？

如果只考虑经济利益，那么国内、国外读研的费用差异是个主要的对比点。当然，如果是家长出钱，那么考虑的还要多些。例如，在国外读研后，如果不回国就业，那么对家长来说，是损失（无人陪伴、亲情疏远），还是收益（收入更高，给家长经济回馈更高）？这些影响家长的出资意向。除了经济利益本身，国内和国外学校在你想研究的学科上，教学方式有什么不同？你为学业付出的努力将有什么差异？未来所得有什么差异？这个所得的差异，也会成为方案对比的经济效益分析的核心内容。

第十讲

思考题：便利店遍布上海的各个小区。这些便利店换了又换，有新开的，也有关门的。什么情况下需要考虑关闭门店？关闭门店后总部又如何使自己经营获利？

如果门店持续不盈利，连现金流都维持不了了，那么肯定要关闭门店了。关闭时的经济效益分析见本讲内容。如果是总部模式，那么关闭亏损业务，转投盈利业务，可以使经营效益增加。

第十一讲

思考题：好的电影有好的票房。大制片有高票房，小成本电影也可能获得高票房。如果你是投资人，你会选择投资什么样的电影？为什么？

投资一部电影要考虑以下常见指标：投资回收期、投资回报率、净现值、净现值率等，根据这一讲的知识点，你可以估算出上述数据，用它们来帮你做决策。

当然，也要看投资人有多少资金，钱少时只能投资小电影，钱多时选择的机会更多，但具体要根据投资人的风险偏好和投资策略。"不是大片拍不起，只想看看性价比。"

思考题：如果你是网约车车主，你会买电车还是油车来经营？

站在经营的角度，我们要算一笔经济账。根据第十一讲里的案例我们得知，从经济账上看，买电动车省油费，却费车钱，不划算。但是别忘了决策不只是算经济账，还要考虑其他因素，比如新能源汽车的车补政策，车辆性能的改善速度，以及货币的时间价值等。

　　同时，也要关注所在城市的规模，车主准备跑长线还是短线。短线可能要选电车，长线可能选油车。当然，网约车车主也可以不做二选一的选择——双能源车不也很好吗？

第十二讲

　　思考题：北京市通州区潞城镇在美丽乡村建设过程中，推行环境卫生村民自治，做出了门前三包、街巷长考核打分、用文明分在村内兑换所需服务等创新举措，村内环境卫生长效管护机制日渐完善。如何从责任会计角度看待这些措施？

　　这些举措本质上就是推行责任制，分配责任，并给予评价，评价的结果应与奖励措施配套，从而促进阶段性卫生目标的实现。使用管理会计工具，在公共管理领域也可以发挥奇效。

第十三讲

　　思考题：为了扩宽学生的知识面，学校开设了全校性选修课，面向全校不同专业背景的学生开放。例如，会计专业的学生可以选音乐美术课，艺术专业的学生可以选经济类课程等。怎样才能鼓励各个系的教师为全校其他系的学生开课呢？

　　现实中我们看到的开全校性选修课通常出于行政命令，不过也有根据选修课开设多少，每门给补贴的情况。有的学校规定了学分对应的分值或费用，学生选课越多，拨付给开课单位的教学经费越多，等等。其核心就是通过转移定价分配利益，实现权责利的统一。

第十四讲

思考题：对于如何帮助乳业走出产业丰产丰收反而亏损的怪圈，你还有什么建议？

第六讲提供的方法是控制成本，本讲提供的方法主要是进行产业转型，企业应提供差异化产品或服务；或重构整个产业链，让处于源头的农业生产者和处于终端的消费者之间联系通畅、供求互接，从而提高产品价值，而不仅仅是让农民"靠天吃饭"。

第十五讲

思考题：如果你是经营者，你会重视质量吗？当企业因质量问题被媒体曝光时，对企业可能有哪些影响？

作为经营者，通常人们会说"重视质量"（当然，超低价的地摊货主要走量；一次性生意，可能也不在意质量）。媒体曝光将影响企业的品牌声誉、影响销量，从而影响企业价值，可能会使企业成本增加，利润下降。特别是自媒体时代，这种影响可能给企业造成致命损失。水底冰山，可能带来的是不可承受之重。

第十六讲

思考题：违反垃圾分类规定的罚款，其实并不足以弥补垃圾处理的社会成本。你还能想到哪些手段来影响或改变人们的消费习惯，减少环境质量损失成本？

可以从当前各个城市垃圾分类推广过程的经验考虑。罚款不是目的，改变行为才是目的。可以加大个人承担违法成本或对守法行为进行激励。例如，相关部门出资通过各种形式进行垃圾分类宣传，提高人们的环保意识；让人们用积累的厨余垃圾换取绿植，对可回收垃圾进行上门回收处理，规定垃圾的投放时间，等等。